CIENCIA PARA TODOS

la revolución digital

tecnología digital e internet:
una guía básica

JACK CHALLONER

Planeta

Título original: *Essential Science: The Digital Revolution*
Copyright ©: 2002 Dorling Kindersley Limited,
A Penguin Company, London
Text copyright © 2002 Jack Challoner
Primera edición en Gran Bretaña en 2002 por
Dorling Kindersley Limited
ISBN: 0-7513-3711-0

Primera edición en español: 2002
Traducción: Valerian Stoopen Barois
Derechos exclusivos de edición en español para
México, Centroamérica, Estados Unidos y Puerto Rico,
de acuerdo con Dorling Kindersley Ltd.

© 2002, Editorial Planeta Mexicana, S.A. de C.V.
Avenida Insurgentes Sur núm. 1898, piso 11
Colonia Florida, 03100 México, D.F.
en coedición con Dorling Kindersley Ltd.,
80 Strand, London WC2R 0RL

Primera edición (México): 2002
ISBN: 970-690-598-7

DORLING KINDERSLEY
Editor de la serie   Peter Frances
Editor de arte   Vanessa Hamilton
Diseñador DTP   Rajen Shah
Iconografía   David Saldanha, Melanie Simmonds
Editor temático   Jonathan Metcalf
Producción artística   Phil Ormerod

Producido para Dorling Kindersley por
Design Revolution, Queens Park Villa, 30 West Drive,
Brighton, East Sussex BN2 2GE
Editores   John Watson, Ian Whitelaw
Diseñador   Simon Avery

Ninguna parte de esta publicación, incluido el diseño
de la cubierta, puede ser reproducida, almacenada o transmitida en manera alguna ni por ningún medio,
sin permiso previo del editor.

Impreso en Graphicom, Italia

contenido

¿qué es la tecnología digital?	4
un mundo digital	6
el mundo en números	9
texto digital	14
sonido digital	16
imágenes digitales	20
video digital	24
uso de la tecnología digital	26
la computadora personal	28
redes digitales	31
internet	35
ondas digitales de aire	51
el futuro digital	54
convergencia	56
el futuro cercano	59
tendencias futuras	54
glosario	66
índice	69
lecturas recomendadas	72
agradecimientos	72

¿qué es la tecnología digital?

Probablemente has escuchado el término "revolución digital" y seguramente has comprado o utilizado aparatos digitales. Si alguna vez has escuchado música en un disco compacto (CD) o en un MP3, usado un teléfono, visto una película en un disco versátil digital (DVD) o utilizado una computadora personal, entonces has experimentado la tecnología digital. Las organizaciones que juegan papeles importantes en países desarrollados se apoyan cada vez más en la tecnología digital. Bancos, industrias, comunicaciones, gobiernos y agencias de apoyo legal, por ejemplo, todas incrementan continuamente el uso de la tecnología digital para crear, organizar y entretener. La velocidad con que la tecnología puede procesar y transferir información digital es impresionante y ha aportado muchos beneficios, aunque también preocupa en temas como la privacía y la seguridad. Entender las bases del funcionamiento de la tecnología digital es primordial y lo será cada vez más en la medida que tengamos que defender nuestra libertad y obtener el mayor provecho de ésta emocionante era digital.

en la punta de tus dedos
Hasta el más humilde tablero es un aparato digital. Contiene una serie de interruptores conectados a un microprocesador que monitorea el estado de cada interruptor y responde produciendo representaciones digitales de letras, números y otros caracteres y funciones.

¿QUÉ ES LA TECNOLOGÍA DIGITAL?

un mundo digital

La tecnología digital juega un papel cada vez más importante en la vida de las personas en todo el mundo; particularmente en aquellas que viven en países desarrollados. Actualmente casi todas las estaciones de radio y televisión graban y editan sus programas digitalmente y algunas de ellas transmiten sus señales de esta manera. En muchos países es poco común encontrar a alguien que no posea al menos un aparato digital que haga uso de la tecnología digital (tal vez un CD o un DVD, una consola de juego de computadora, un teléfono celular; quizá una agenda personal o una cámara de video digital). Y desde luego, cientos de millones de personas utilizan regularmente las computadoras para experimentar la multimedia (sonido, foto, texto y video) a la mayoría de los cuales se tiene acceso a través de internet.

lo que sucede adentro

Independientemente de nuestra familiaridad –y probablemente nuestra dependencia– con los aparatos digitales, muy pocas personas tienen idea de lo que sucede en su interior. Los aparatos digitales son extremadamente complicados; solamente un ingeniero electrónico altamente calificado y especializado podría tener la esperanza de construir una cámara digital de la nada, por ejemplo. Sin embargo, los principios en los que se basan los aparatos digitales son muy sencillos, y entenderlos da una idea del

visión digital
La facilidad y flexibilidad con la que la información digital puede ser transferida, significa, por ejemplo, que imágenes capturadas por una cámara de video digital pueden estar inmediata y visualmente disponibles en otros servicios digitales.

UN MUNDO DIGITAL 7

impacto que la tecnología digital está teniendo en nuestras vidas.

Por supuesto existen alternativas para la mayoría de las tecnologías digitales. Por ejemplo, las máquinas de escribir pueden producir páginas de texto de buena calidad del mismo modo que una impresora; las fotocopiadoras reproducen dibujos o fotografías del mismo modo que un escáner puede hacerlo; los discos de vinil y casetes magnéticos graban sonidos de igual forma que un CD o un minidisc lo hacen; el sistema de teléfono pre-digital pueden transmitir el sonido de tu voz a alguien que esté utilizando un teléfono en cualquier parte del mundo del mismo modo que los nuevos sistemas digitales lo hacen. Lo que une a todos los aparatos digitales es que sin importar lo que se esté copiando, almacenando o transmitiendo (sonido, texto o imagen) se representa por grupos o corrientes de números (dígitos). Como podemos ver, este método de representar información tiene consecuencias muy importantes.

aparato análogo
Un disco de vinil tiene un wavy groove que es una copia directa, o un "análogo", de las ondas de sonido del sonido grabado.

¿por qué optar por lo digital?

En la mayoría de los casos, las tecnologías digitales ofrecen ventajas significativas sobre las demás alternativas y están tomando ventaja rápidamente. Desde 1980 los discos compactos han remplazado a los de vinil y los caset como el medio principal para la gente para comprar o escuchar música. Principalmente porque son más prácticos (puedes saltar de una canción a otra tan sólo con apretar un botón), más resistentes y ofrecen una mejor calidad. Manejar el sonido digitalmente también ofrece la posibilidad de hacer tantas

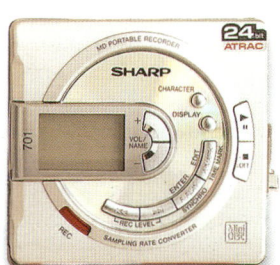

aparato digital
Un reproductor de minidisc no tiene copias directas de sonido. El sonido está codificado en números. Los aparatos digitales pueden tener sonido, texto o fotografía –incluso una combinación de los tres– codificados en grupos de números.

¿QUÉ ES LA TECNOLOGÍA DIGITAL?

copias como uno quiera sin perder la calidad y que puede ser puesto en marcha en diferentes aparatos. Esta compatibilidad implica que el sonido digital puede ser manipulado fácilmente e incluso entregado a través de internet.

> "Cualquier tecnología significativamente avanzada procede, sin distinción, de la magia."
> Arthur C. Clarke, 1962

Hay muchos otros beneficios por los cuales hay que optar por lo digital: por ejemplo, los servicios telefónicos digitales ofrecen conexiones más rápidas y efectivas, así como un gran incremento en la capacidad de una red telefónica; la televisión digital ofrece la posibilidad de ver programas bajo pedido; las redes digitales (incluyendo internet) ofrecen la oportunidad de comunicar y compartir información rápida y fácilmente.

la fotografía completa

La tecnología digital también trae problemas potenciales. Hay amenazas a la privacía: los sistemas digitales pueden agrupar y comunicar grandes cantidades de información acerca de las personas, en algunas ocasiones, sin su conocimiento. Hay asuntos del ambiente: los aparatos pueden volverse obsoletos rápidamente, requiriendo grandes inversiones de energía y materiales para remplazarlos. Hay también asuntos socioeconómicos: la gente y las sociedades adineradas siempre tendrán mejor acceso a las nuevas tecnologías de lo que podríamos todos algún día.

En 1958 el ingeniero electrónico **Jack Kilby** (1923) fabricó el primer circuito integrado; contenía varios transistores y otros componentes de un sólo pedazo de silicón. No todos los circuitos integrados son digitales, pero aquellos que lo son proveen la energía computacional necesaria para los aparatos digitales en un espacio muy pequeño. De hecho, más que cualquier otro invento, el circuito integrado hizo posible la revolución digital.

el mundo en números

En el corazón de cualquier aparato digital encontrarás uno o más microprocesadores. Estos pequeñísimos circuitos electrónicos son extremadamente complicados, pero en esencia, sólo hacen una cosa: procesar ecuaciones numéricas simples muy rápidamente. Antes de que los sonidos, imágenes o textos puedan ser almacenados y manipulados en un aparato digital, deberán ser representados por números; un proceso llamado digitalización. Así, las imágenes son digitalizadas por un escáner o una cámara digital, y un aparato de sonido digital, puede digitalizar sonido.

transistores

En un microprocesador, los números que representan textos, sonidos e imágenes son representados por corrientes eléctricas que viajan a través de componentes llamados transistores (ver p.10). Existen millones de transistores en un microprocesador y cada uno es un pequeño interruptor que sólo puede estar en uno de dos estados: encendido o apagado. Esto corresponde al sistema numérico utilizado en los aparatos digitales que se basa en el número dos: el sistema binario. El sistema numérico que utilizamos los humanos –llamado dinario o base 10– está basado en el número 10 y tiene diez dígitos: del 0 al 9. El sistema binario tiene dos dígitos: 0 y 1. Un transistor representa 0 cuando está abierto (sin transmitir), y 1 cuando está cerrado (transmitiendo energía).

haciendo cálculos
Un microprocesador es un circuito integrado que procesa información digital al almacenar o agregar números codificados como pulsos eléctricos. Un microprocesador dentro de un escáner procesa números que representan las imágenes u objetos digitalizados y se comunica con la computadora con la cual el escáner esta conectado.

escáner

microprocesador

cómo funciona un transistor

Una carga positiva de electricidad es enviada por un cable de aluminio que pasa por el transistor, lo que se conoce como la puerta y fluye a una cama de polisilicón conductivo rodeada de dióxido de silicón no conductivo. La carga positiva atrae a los electrones cargados negativamente fuera de la base tipo-P (positiva) de silicón que separa dos camas tipo-N (negativa) de silicón. Los electrones saliendo del tipo-P crean un vacío electrónico que se llena de electrones de una segunda terminal llamada fuente. Además de llenar el vacío, los electrones de la fuente viajan a una tercera terminal llamada desagüe. Esto completa el circuito y enciende el transistor para que represente un 1 binario. Si una carga negativa es recibida en la puerta, los electrones de la fuente son repelidos y el transistor se apaga representando un 0 binario.

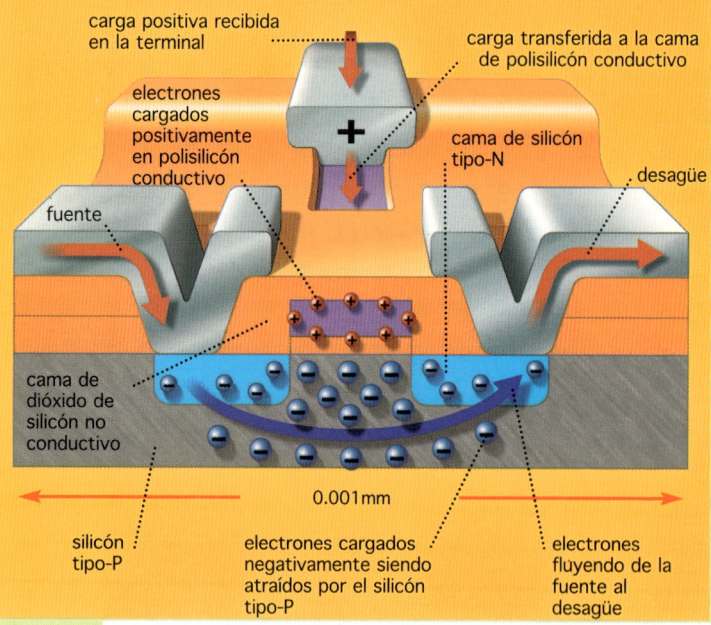

EL MUNDO EN NÚMEROS

El matemático y filósofo alemán Gottfried Leibniz (1646-1716) creó el sistema binario de numeración inspirado en el *ying* y el *yang*, dualidad del I-Ching, descifró números dinarios como cuerdas de ceros y unos. Fue pionero en el uso de la lógica simbólica en matemáticas. Todos los aparatos digitales modernos usan tanto los números binarios, como la lógica matemática.

números binarios

El sistema binario –también llamado base 2– se rige por las mismas reglas que el sistema conocido como base 10. Utilizando base 10, cualquier número puede ser expresado utilizando combinaciones de 10 dígitos. El valor asignado a un dígito particular depende de su posición en un número: en el número 333, por ejemplo, el tres de la derecha extrema tiene un valor de 3 (3x1), el siguiente tiene un valor de 30 (3x10), y el tercero tiene un valor de 300 (3x10x10, o 3x10 al cuadrado).

También es posible escribir cualquier número utilizando combinaciones de los dos dígitos del sistema binario. Reitero, el número tendrá diferentes valores dependiendo del lugar en el que esté. De cualquier manera los números binarios se ven muy diferentes de los mismos números escritos en el dinario. Por ejemplo, el número quince en dinario es 15. En binario, el mismo número se escribe 1111, se pronuncia "uno-uno-uno-uno": de la derecha, el 1 tiene valores de 1,2,4 (2x2 o 2 al cuadrado), y 8 (2x2x2 o 2 al cubo).

representando dígitos binarios

Los transistores colocados en los microprocesadores no son el único medio por el cual los aparatos digitales representan información binaria. Por ejemplo, camas de números binarios pueden ser codificadas en ondas de radio como discontinuidades repentinas (fases de carga) o repentinos cambios en la fuerza (amplitud). Los dígitos binarios también pueden ser representados por pequeñas

patrón binario
Observando los números binarios del cero al quince un patrón definitivo resulta aparente. Las reglas son las mismas que en el dinario (base 10) pero únicamente hay dos números disponibles.

	2^3 (8)	2^2 (4)	2^1 (2)	2^0 (1)
0	0	0	0	0
1	0	0	0	1
2	0	0	1	0
3	0	0	1	1
4	0	1	0	0
5	0	1	0	1
6	0	1	1	0
7	0	1	1	1
8	1	0	0	0
9	1	0	0	1
10	1	0	1	0
11	1	0	1	1
12	1	1	0	0
13	1	1	0	1
14	1	1	1	0
15	1	1	1	1

¿QUÉ ES LA TECNOLOGÍA DIGITAL?

cómo almacena información un CD

El *pit* en la cama de aluminio de un CD es la clave del almacenamiento de información digital. Patrones específicos de *pits* largos y cortos representan grupos específicos de dígitos binarios. Los *pits* están acomodados a lo largo de un camino espiral de más de cuatro kilómetros de largo. Un CD puede almacenar cualquier información digital: texto, imágenes, video y sonido.

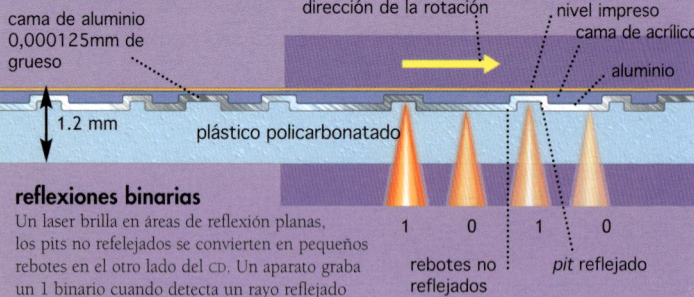

reflexiones binarias
Un laser brilla en áreas de reflexión planas, los pits no reflejados se convierten en pequeños rebotes en el otro lado del CD. Un aparato graba un 1 binario cuando detecta un rayo reflejado y un 0 binario cuando no hay reflexión.

cargas eléctricas, que indican almacenado (1) o no almacenado (0) en la memoria de la computadora. Partículas en la superficie de un disco duro pueden ser magnetizadas en una o dos direcciones (0 y 1); un CD también almacena ceros y unos binarios (*ver gráfica superior*). La variedad de métodos de almacenamiento de dígitos binarios significa que la información digital puede ser fácilmente transferida entre diferentes aparatos.

Almacenar, transferir y manipular información como números binarios es conveniente y confiable. El sonido grabado en el disco duro de una computadora puede ser escuchado una y otra vez sin perder la calidad.

Un quemador de CD puede hacer un número infinito de copias de un CD musical, cada uno igual de bueno que el original; y puesto que el texto, el sonido y las imágenes son digitalizadas en formatos estándar, las personas fácilmente pueden intercambiar información, comúnmente, a través de internet.

EL MUNDO EN NÚMEROS 13

bits y *bytes*

Los dígitos 0 y 1 que se utilizan para escribir números binarios se llaman *bits*; abreviación de "binary digits", en inglés. Sin embargo, los *bits* son frecuentemente agrupados en grupos de ocho: cada uno de esos grupos se denomina *byte*; unidad básica de información contenida en la mayoría de los aparatos digitales. Los diferentes grupos de *bytes* contenidos dentro de las computadoras se llaman archivos (*files*), un archivo particular puede ser un programa con comandos que la computadora contiene, o un "documento" que contiene texto, sonido o imágenes digitalizadas.

más grandes que los *bytes*

Un *byte* (ocho *bits*) contiene una pequeña cantidad de información; el tamaño de los archivos es generalmente mucho más grande que unos cuantos *bytes*, así como la capacidad de almacenamiento de la mayoría de los aparatos. Por esta razón casi todas las personas están más familiarizadas con los términos *kilobyte* (KB), *megabyte* (MB) y *gigabyte* (GB) que con los *bytes*. Sería razonable asumir que un *kilobyte* son mil *bytes*, así como un kilómetro son mil metros. Sin embargo ya que el sistema binario está basado en el número dos, un *kilobyte* son 1,024 *bytes* (1,024 = 2x2x2x2x2x2x2x2x2x2 o 2 a la décima). Un *megabyte* es 1,024 *kilobytes*, 1,048,576 *bytes* (2 a las veinteaba), y un *gigabyte* son 1,024 veces más grande de nuevo 1,073,741,824 *bytes* (2 a la treintaba).

puntos clave

• Los aparatos digitales representan texto, imágenes y video como números binarios.
• Los números binarios se representan en los aparatos digitales de diferentes maneras.
• Todos los aparatos digitales tienen al menos un microprocesador.

tamaño *byte*

Si un grano de arroz representara un bit de información, un byte serían 8 granos, un megabyte un costal de arroz y un gigabyte serían 1,024 costales de arroz.

1 *bit* 1 *byte*  1 *kilobyte*  1 *megabyte*

1 *gigabyte*

texto digital

Muchos aparatos digitales pueden almacenar y manipular texto. En las computadoras, es posible mecanografiar documentos, almacenar archivos y posteriormente editarlos e imprimirlos; los teléfonos celulares pueden enviar y recibir mensajes cortos de texto; algunos aparatos digitales de sonido permiten registrar los nombres de las canciones; los DVD presentan menús interactivos de texto que permiten seleccionar diferentes escenas en una película, y las agendas electrónicas pueden ser utilizadas para almacenar cientos de nombres, direcciones y números telefónicos.

mensajes codificados

Dentro de los aparatos digitales, el texto se representa utilizando códigos en los que una diferente colección de *bits* individuales es utilizada para representar caracteres, como por ejemplo, las letras del alfabeto. Uno de los códigos estándar, llamado el Código americano estándar para información e intercambio (ASCII), utiliza siete *bits* para cada letra, dando un total de 128 diferentes combinaciones. Las 32 primeras combinaciones (del 0000000 al 0011111) están reservadas para códigos de instrucciones, las 96 restantes representan las letras del alfabeto (en altas y bajas), signos de puntuación, símbolos matemáticos, los dígitos del 0 al 9 y el espacio entre las palabras. La mayoría de los teléfonos celulares con texto, al igual que los localizadores y buzones de voz que son enviados vía el servicio corto de mensajes (SMS) utiliza un código muy similar llamado "alfabeto de 7-*bit* por *default*."
La mayoría de las computadoras utilizan un código llamado ASCII extendido, que utiliza 8 *bits* para representar cada caracter.

dilo en *semaphore*
Existen muchas maneras de representar palabras y números en código. En el lenguaje de señales semaphore, por ejemplo, cada letra del alfabeto está representada por las posiciones de dos banderas sostenidas con las manos.

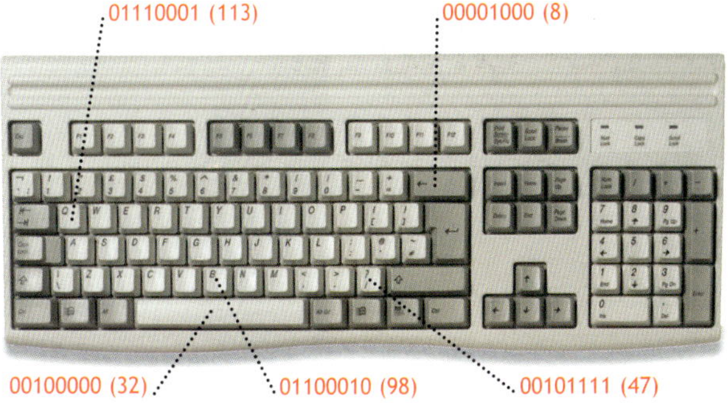

TEXTO DIGITAL (15)

.01110001 (113) .00001000 (8)

00100000 (32) 01100010 (98) 00101111 (47)

tecleando
Oprimir las teclas del tablero de una computadora produce corrientes de pulsos eléctricos que representan ocho números de dígitos binarios. Las pulsaciones pasan a través del cable a un circuito integrado dentro de la caja de la computadora.

Esto provoca que el número de combinaciones de *bits* se duplique a 256, haciendo posible incluir símbolos menos utilizados y caracteres del alfabeto de otros idiomas con acentos. Así, en una computadora el espacio entre las letras se representa por 00100000 (ASCII 32), "b" por 01100010 (ASCII 98) y "/" por 00101111 (ASCII 47). El hecho de que los números del código ASCII extendido sean todos de 8 *bits*, es de hecho la razón por la que el *byte* es la unidad básica de información en muchos aparatos digitales.

mensaje de texto

El oprimir una combinación de teclas en un teléfono celular genera siete números de dígitos binarios. Cada número representa una letra diferente o un signo de puntuación. Los siete números de dígitos binarios están almacenados en la memoria del teléfono y son enviados como mensajes de texto codificados en señales de radio cuando el comando "enviar" es activado.

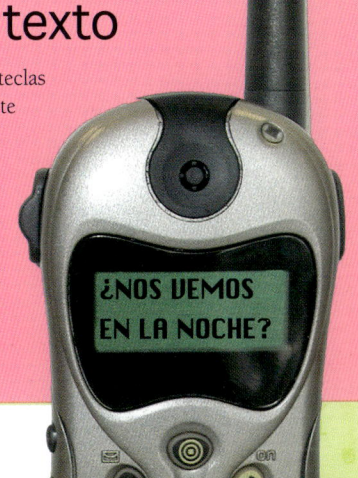

sonido digital

atrapando olas
La grabación digital brinda una muy alta calidad y una manera flexible de capturar y reproducir sonidos. Desde 1980, la grabación digital ha remplazado casi totalmente a las grabaciones análogas.

El sonido también puede ser representado digitalmente; como archivos de computadora, como corrientes o grupos de *bits* en otros aparatos digitales. Además de las computadoras, tecnologías que utilizan el sonido digital incluyen los reproductores de CD, de MP3, minidisc, televisión y radio digital, teléfonos celulares digitales y reproductores de DVD. Algunos aparatos digitales son capaces de analizar el sonido digitado de la voz de una persona y de reconocer palabras. Esta tecnología de reconocimiento del lenguaje permite a las personas controlar los aparatos con su voz e incluso dictarles largos textos. Antes de conseguir esto, el sonido primero debe ser representado de

¿qué es el sonido?

El sonido se produce por la vibración de los objetos, como las cuerdas vocales de tu garganta o los dientes de un tenedor. Cuando golpeas un tenedor sus dientes vibran cientos o miles de veces cada segundo. Las vibraciones disturban el aire enviando ondas de presión de aire variante: ondas de sonido. Las ondas de sonido son invisibles pero podemos visualizarlas como líneas onduladas llamadas intensidad de onda, que son esencialmente gráficas de la presión variante del aire. Cada sonido produce un patrón diferente de vibraciones y por lo tanto tiene una forma de onda diferente.

las ondas de colores representan cambios en la presión del aire por la evolución de las ondas de sonido forma digital. Cualquier aparato que grabe sonido debe ser capaz de producir una representación del sonido en forma de onda. Un componente importante de la mayoría de los sistemas de grabación es el micrófono. Las ondas de sonido generan un diafragma dentro del micrófono para vibrar y esto produce una continua y variante corriente eléctrica, cuyas variaciones igualan aquellas de la presión del aire en el sonido original. Esta corriente eléctrica se llama señal de audio. Las grabaciones análogas producen una copia directa y continua, o análoga, de la señal y por lo tanto de las variaciones de presión de la onda de sonido.

muestreo digital *(sampling)*

Más que una señal continuamente variante, la grabación digital produce una corriente de números binarios. La digitalización del sonido se alcanza gracias a un circuito electrónico llamado convertidor análogo a digital (ADC),

de las olas a los dígitos binarios

Las ondas de sonido causan un diafragma en un micrófono para vibrar en respuesta a las presiones cambiantes de aire. Esas vibraciones se convierten en señales análogas que pasan a un convertidor análogo a digital (ADC). Aquí, las señales son muestras para convertirlas en información binaria.

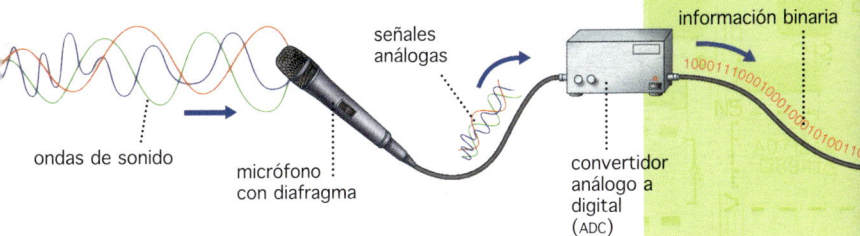

el cual mide la fuerza de la señal de audio miles de veces cada segundo; un proceso llamado *sampling* o muestreo digital. Imagina cada medida, cada muestra al denotar la altura de la intensidad de onda en un instante en particular. Juntas, las miles de muestras –en la forma de números binarios– describen las variaciones de la señal de audio y por lo tanto representan la forma de la intensidad de onda.

Entre más muestras haya por segundo más cerca estarán una de otra, dando una representación digital de la intensidad de onda mucho más fiel y por lo tanto una mejor calidad de sonido. El tamaño del número binario que

¿QUÉ ES LA TECNOLOGÍA DIGITAL?

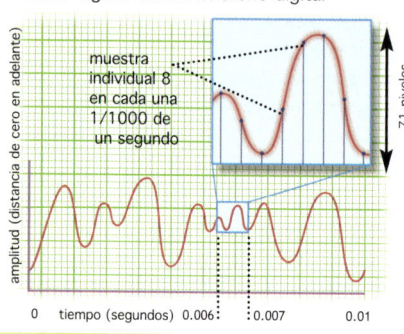

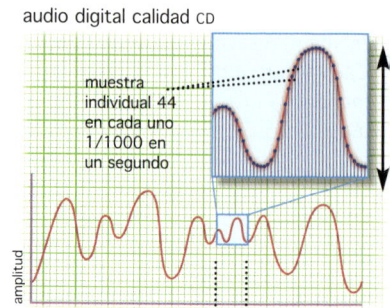

más es mejor
Entre más muestras se tomen por segundo más fielmente será reproducido el original.

representa cada muestra es también importante: entre más *bits* tenga una muestra mejor será la calidad. El sonido de calidad de un CD utiliza 44 mil 100 muestras por segundo y 16 *bits* por muestra. Es cada vez más común que los sonidos se muestreen 96 mil veces por segundo en una escala de 24 e incluso 32 *bits* dando una calidad de sonido incluso mejor a la de un CD.

Para el sonido digital de *playback* hay que recuperar los números y reconstruir la señal de audio utilizando un convertidor digital a análogo (ADC). La señal de audio reconstruida es amplificada y enviada a las bocinas.

cambiando discos
La máxima duración de un CD y un MD estándar es la misma: 74 minutos.

CD's, minidiscs y MP3

El primer formato digital al alcance del consumidor fue el disco compacto. Phillips mostró su prototipo en marzo de 1979, lo cual convenció a Sony de unirse al desarrollo de un reproductor potencialmente comercial. Eventualmente, al final de 1982 el disco compacto apareció en el mercado europeo y en Estados Unidos al principio del siguiente año.

Otros formatos de sonido digital siguieron, incluyendo al popular minidisc (MD) de Sony en 1991. Ambos, el CD y el MD pueden almacenar hasta 74 minutos de sonido digital, sin importar que el MD sea más pequeño y con menor capacidad para información digital. Esto es posible porque un reproductor de MD procesa

SONIDO DIGITAL 19

la información digital utilizando un proceso llamado "código acústico de transformación adaptativa" (ATRAC). Cada segundo de sonido grabado es representado por menos *bytes* de información en un MD que en un CD. Esta técnica se llama compresión. El sonido de un MD es casi tan bueno como el de un CD, pero la compresión efectivamente hace que se pierda un poco de la calidad. De cualquier manera el formato del MD es una manera popular y conveniente de producir grabaciones digitales.

música e internet

Existen otros tipos similares de compresión, cada uno es un complicado proceso matemático que se lleva a cabo por los microchips en los aparatos digitales. Estos esquemas de codificación, o codecs (codificadores/decodificadores), están diseñados para reducir el número de *bytes* requerido para representar el sonido y manteniendo la más alta calidad posible. Una de los líderes detrás de los "codecs" es internet (*ver p. 46*) que ha abierto nuevas posibilidades para compartir y comprar música.

Transmitir música de manera digital a través de internet es mucho más rápido cuando la música está comprimida porque implica la transferencia de menores cantidades de información digital. El formato de compresión más común, el MP3 (MPEG 3) fue desarrollado por el Moving Pictures Expert Group (MPEG), como parte de una iniciativa para comprimir video digital. Las pistas de música codificadas como archivos de audio MP3 pueden ser reproducidos en computadoras o en reproductores de MP3.

música por MP3
Los reproductores de MP3 utilizan memoria a diferencia de un cassette o un CD que la almacenan. Incluyen programas que transfieren archivos de MP3 de una computadora a un reproductor y algunos, incluso, tienen funciones de copiado de un CD o un sitio de internet. También es posible crear listas de tocado personalizadas.

imagen digital

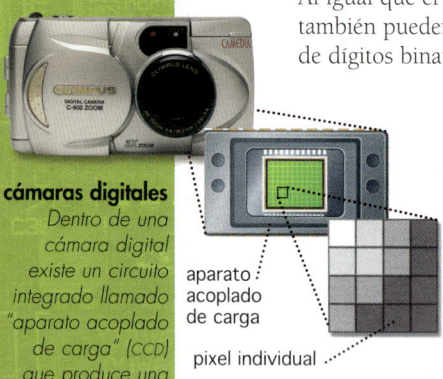

cámaras digitales
Dentro de una cámara digital existe un circuito integrado llamado "aparato acoplado de carga" (CCD) que produce una representación digital de una imagen.

aparato acoplado de carga

pixel individual

Al igual que el texto y el sonido, las imágenes también pueden ser representadas por colecciones de dígitos binarios. Las cámaras y los escáner digitales pueden producir imágenes digitales de objetos reales mientras que otros aparatos digitales pueden producir o desplegar sofisticados trabajos de arte.

Para entender cómo se producen las fotografías y escáner digitales imagina que colocaras una rejilla cuadriculada sobre una fotografía en blanco y negro. Ahora imagina que mides qué tan claro u oscuro está cada cuadro. Dale a cada medida un número, enlista los números

resolución

75 x 60 pixeles: medida del archivo 35.2 KB

460 x 370 pixeles: medida del archivo 1.3 MB

El tamaño de una imagen, en pixeles, se llama resolución. Entre más alta sea la resolución más detallada será la imagen. En altas resoluciones, los pixeles que hacen una imagen digital (*derecha*) no son discernibles. En bajas resoluciones los pixeles son visibles, la imagen se convierte "pixeleada". Un monitor de computadora normalmente tiene una resolución de 640 x 480 o de 1,024 x 768 pixeles. Una imagen de diez pixeles aparece como un pequeño recuadro en la esquina del monitor. Una imagen completa a gran escala con una resolución de 640 x 480 requiere 307 mil 200 *bytes* (uno por cada uno de los 307,200 pixeles) o 300 *kilobytes*.

IMAGEN DIGITAL

de cada cuadro, fila por fila de la parte superior izquierda a la parte inferior derecha y obtendrás una representación numérica de la fotografía. Esta lista de números –en forma de dígitos binarios por supuesto– es comúnmente llamada mapa de *bits*.

Los cuadros que forman una imagen bitmapeada se llaman pixeles. La brillantez de cada pixel se mide en una escala del 00000000 para el negro al 11111111 para el blanco (256 niveles diferentes). Cada nivel en esta "escala de grises" requiere de ocho *bites*; un *byte*. Una imagen cuya escala de gris es de diez pixeles laterales por diez pixeles de largo puede ser representada por 100 *bytes*; un *byte* por cada uno de los 100 cuadros.

imágenes en color

Casi todas las computadoras, cámaras digitales e impresoras son capaces de trabajar imágenes a todo color. El ojo humano es sensible al color porque tiene tres tipos de "compartimientos" sensibles al color: uno reacciona al rojo, otro al verde y otro al azul claro. Se puede engañar al ojo y decirle que ve cualquier color gracias a la combinación simultánea de estos tres colores. La impresión en color, las pantallas de televisión y los aparatos digitales aprovecharon eso; si alguna vez has visto muy de cerca una pantalla de televisión. habrás notado que las imágenes están compuestas de un rojo delgado, verde y puntos azules. Desde la distancia normal para ver televisión. los puntos desaparecen y los colores se combinan para producir los diferentes colores que aparecen en una imagen.

Dentro de la computadora, las imágenes en color se componen de pixeles, del mismo modo que una imagen en escala de gris. Pero ahora, cada pixel necesita un número para los niveles de rojo, verde y azul presentes; tres veces la cantidad de información que para una imagen en escala de gris. Los niveles de brillo para cada color son comúnmente

00000000

sombras grises
La escala de gris (izquierda) va del negro (todos 0's) desde arriba, al blanco (todos 1's) hasta abajo.

01000000 (64)

01100100 (100)

mapa de *bits* en color
Esta imagen esta desplegando 24 bits de profundidad en color, el recuadro al lado muestra los pixeles individuales que forman la imagen.

11011010 (218)

11111111 (255)

representados por un *byte* de información. En este caso, se requieren tres *bytes* (24 *bits*) para cada pixel; comúnmente denominado profundidad de color de 24 *bits*. La mayoría de los monitores de computadora son capaces de desplegar profundidades de color de 24 *bits*, también llamado color verdadero, porque más de 16.7 millones de colores son posibles (del 00000000 00000000 00000000 al 11111111 11111111 11111111) más de los que el ojo humano puede distinguir.

compresión de imágenes

Al igual que el sonido digital, las imágenes digitales pueden ser comprimidas. La idea es reducir el tamaño de los archivos sin perder demasiada calidad. Dos formatos comunes para comprimir imágenes digitales son el GIF y JPEG. Estos formatos son comúnmente usados para desplegar imágenes en internet ya que en su forma comprimida aparecen relativamente rápido.

El formato GIF reduce el número de colores a un máximo de 256 requiriendo únicamente una profundidad de color de ocho *bits*. El formato JPEG es más complicado, toma en cuenta peculiaridades de la visión humana al comprimir archivos de imágenes y generalmente resulta en una mejor calidad de imagen. Fue diseñado por el Joint Photographic Expert Group (JPEG), que al igual que el formato MP3, que se utiliza para el sonido digital, se refiere a un acercamiento a la compresión más que a un código particular de compresión.

ahorro de espacio
Las imágenes comprimidas en el mapa de bits utilizan menos espacio en un aparato digital y son más rápidas para transferir de un aparato digital a otro.

gráficas con base de vector

La única manera de producir representaciones digitales reales de escenas u objetos es a través de imágenes en mapa de *bits*. Su inconveniente es que al crecerlas sus pixels se hacen visibles como cuadros separados. Otra manera útil de representar imágenes es utilizando lo que se conoce como gráficas con base de vector.

IMAGEN DIGITAL 23

Para ver cómo funciona una gráfica con base de vector imagina que necesitas producir una imagen digital tan sencilla como un diagrama de un círculo. Una manera sería dibujar el diagrama en un papel y utilizar un escáner o cámara digital para producir un mapa de *bits*. Imagina, en cambio, que el archivo de la imagen contiene las instrucciones para dibujar el círculo: el color del círculo, el centro y su radio. Esta gráfica con base de vector utiliza una pequeña cantidad de dígitos binarios asegurando un tamaño de archivo muy pequeño.

cada pixel definido en lo individual

radio
centro

despliegue de imágenes

Una imagen digital puede ser guardada en cualquier medio de almacenamiento digital; por ejemplo el archivo de una computadora. Normalmente un archivo contiene otra información –en la forma de caracteres extendidos ASCII– tales como el tamaño de la imagen, la aplicación (programa de computación) o el aparato que lo creó, así como las fechas en que fue creado y su última modificación. Una imagen digitada puede ser fácilmente manipulada. Por ejemplo, pueden ser aplicados efectos especiales: coloración, nitidez, distorsión o relieve. Hay muchos programas de manipulación de imagen disponibles.

Un monitor utilizado para desplegar imágenes digitales trabaja prácticamente igual que una pantalla de televisión: una corriente de electrones llamados rayos catódicos producidos en la parte posterior del tubo; golpes de pigmento llamados fósforos en la parte trasera de la pantalla de vidrio y que los hace brillar. En el caso de un monitor, un aparato llamado adaptador de despliegue convierte la información digital en señales análogas para generar los rayos catódicos.

el factor vector
En la imagen superior en mapa de bits *el círculo es definido por cada uno de los pixeles en su línea exterior. En una imagen de vector (más abajo) la información del círculo (radio y centro) está contenida en un archivo mucho más pequeño y produce un efecto de no estar en el mapa.*

efectos especiales
Un gran rango de efectos especiales puede ser aplicado a imágenes digitales rápida y fácilmente.

¿QUÉ ES LA TECNOLOGÍA DIGITAL?

video digital

Una vez entendido como se digitalizan la imagen y el sonido, entender los principios del video digital es muy sencillo. Así como el cine o los programas de televisión consisten de una serie de imágenes cuadro por cuadro mostradas rápidamente una tras otra y son sincronizadas con una banda de sonido, el video digital se logra desplegando una serie de imágenes digitales cuadro por cuadro acompañadas por una banda de sonido digital. En su forma más simple consiste en una corriente de dígitos binarios que representan cada cuadro de imagen y sonido. Se necesitan cerca de 30 MB (más de 200 millones de *bits*) para cada segundo de transmisión digital en video.

trabajo de cuadro
Las películas convencionales de 16mm (como se muestra aquí) son normalmente filmadas y corridas a 16 cuadros por segundo. Una banda de ocho cuadros contiene únicamente las imágenes para producir medio segundo de imágenes en movimiento. Esto ilustra la tarea que enfrenta cualquier aparato que requiera producir video digital de alta calidad.

procesamiento del video digital

Los *bits* contenidos en el video digital son procesados para utilizar la menor cantidad de *bits* sin reducir la calidad. Hay muchas maneras de lograr esto, incluyendo la grabación de menos imágenes por segundo o utilizando sonido mono. Otro método utilizado en el procesamiento de video digital para DVD es analizar grupos o imágenes y almacenar únicamente imágenes significativas junto con dígitos binarios para partes de la película que cambian de cuadro a cuadro. Este procedimiento, desarrollado por el Moving Picture Expert Group, es la compresión MPEG.

mundos digitales tridimensionales

Así como los números binarios pueden definir dos objetos dimensionales en las gráficas con base de vector (*ver pp. 22-3*) también pueden definir objetos tridimensionales. De hecho, mundos completamente virtuales pueden ser definidos y explorados utilizando programas de computación que pueden desplegar una colección de objetos virtuales desde cualquier ángulo. Los objetos en el mundo virtual pueden ser movidos o rotados y con la ayuda de un set manual de realidad virtual es posible experimentarlos en tercera dimensión. Las consolas de juego utilizan los mundos virtuales, algunos modernos juegos de computadora presentan entornos impresionantemente reales para ser explorados por los jugadores

... una de las primeras máquinas de realidad virtual

almacenamiento

Sin importar si los dígitos binarios representan texto, sonido, imagen o video, existen varias maneras para ser almacenados o codificados. Las computadoras almacenan el volumen de su información en discos duros, que hoy día, son capaces de contener muchos *gigabytes* de información. La mayoría de las computadoras también pueden leer CD's o DVD's que pueden almacenar más de medio *gigabyte*. Algunas pueden escribir en CD's con lo cual el usuario puede producir su propio CD con multimedia. Muchos aparatos digitales además de las computadoras personales, utilizan el mismo sistema de almacenamiento que las computadoras mientras que otros utilizan un sistema de almacenamiento diseñado específicamente para ellos.

disco duro
El disco duro de una computadora se conforma de aluminio o placas de vidrio forradas con partículas magnéticas. Estas partículas pueden ser orientadas para mostrar 0 y 1 permitiendo almacenar la información digital.

placa

las cabezas escriben y leen la información en la placa

uso de la tecnología digital

Representar texto, sonido e imagen digitalmente abre nuevas posibilidades para las organizaciones y los individuos. En los últimos diez años, el costo de la más sofisticada tecnología ha bajado dramáticamente debido a las nuevas formas de manufactura, poniendo la tecnología digital al alcance de más personas cada día. En países desarrollados tecnológicamente la mayoría de las personas tiene algún tipo de acceso a una computadora personal. Al ser digitales, las computadoras pueden conectarse fácilmente entre sí para crear redes a través de las cuales millones de personas alrededor del mundo conectan sus computadoras a la red más grande: internet. Internet se usa para comunicarse vía correo electrónico, la comunicación fácil y económica, anunciar productos, mantenerse informado, para investigar en todos los niveles e incluso para comprar y entretenerse. Otras tecnologías digitales atractivas por sus grandes alcances son los teléfonos celulares y la transmisión digital de los medios de comunicación que están sustituyendo gradualmente a sus contrapartes análogas.

escritorio digital
Hoy en día los estudios de grabación pueden integrar hasta 96 canales de audio; ocho de sonido surround, (sonido digital de amplio alcance) producir gráficas de alta resolución y combinar señales digitales y análogas.

la computadora personal

Una computadora personal portátil o fija es un aparato digital completo en el que se pueden crear e imprimir documentos de texto; crear, manipular e imprimir imágenes; organizar información en bases de datos; comunicarse por medio de redes; jugar; ver y editar video digital; grabar, editar y escuchar sonido digital... y mucho más.

Dentro de la caja de una computadora, la mayoría de los componentes están ligados a un gran circuito de tablero llamado "tablero maestro". Lo más importante de estos componentes es la unidad de procesamiento central (CPU), un poderoso microprocesador que realiza la mayoría del

procesando energía
La computadora moderna es una herramienta de procesamiento que permite que el material a procesar tenga acceso al sistema. Los componentes internos del aparato realizan el procesamiento y una vez que los resultados se han completado permite que la información esté disponible al exterior.

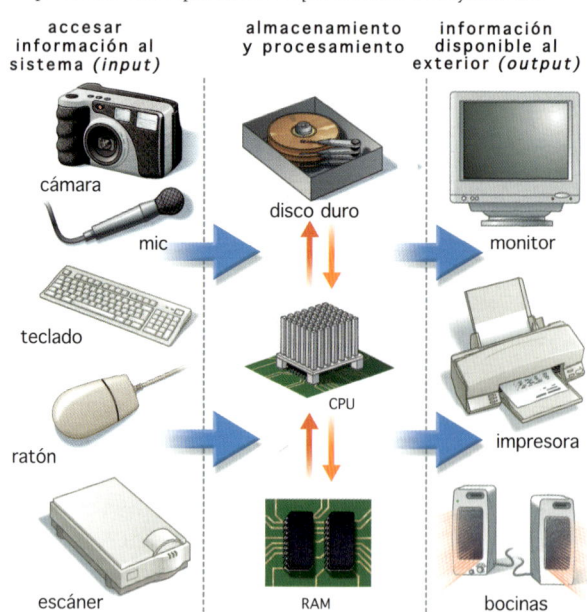

accesar información al sistema *(input)*: cámara, mic, teclado, ratón, escáner

almacenamiento y procesamiento: disco duro, CPU, RAM

información disponible al exterior *(output)*: monitor, impresora, bocinas

LA COMPUTADORA PERSONAL

procesamiento de la información digital. El CPU sigue una serie de instrucciones de binarios codificados (programas, también llamados aplicaciones) que son temporalmente almacenados en la memoria de acceso temporal (RAM). Los programas y archivos son cargados en el RAM desde el medio de almacenamiento principal: el disco duro, conforme son requeridos y la información es enviada a una variedad de aparatos, incluyendo el monitor, la impresora y las bocinas. La información existente en la computadora depende de lo que se registra en ella por medio de cualquier aparato: el tablero, el ratón, el escáner, cámara digital y micrófono.

temprana precursora
La Difference Engine, una calculadora diseñada por Charles Babbage (1791-1871) fue una precursora temprana de la computadora moderna.

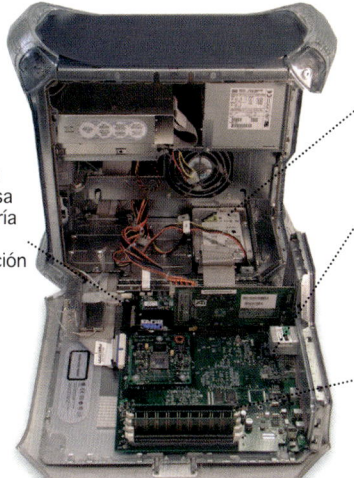

CPU: controla y procesa la mayoría de la información digital

disco duro: almacena las aplicaciones y archivos de la computadora

tablero maestro: un tablero de circuitos donde se ligan la mayoría de los componentes

RAM donde se almacenan las aplicaciones y archivos en uso

sistemas operativos

El programa más importante operado por el CPU es el sistema operativo. Este es cargado al RAM cuando se prende la computadora y controla el flujo de toda la información digital. Los dos sistemas operativos más

piezas principales
Hay muchos tipos diferentes de computadoras personales pero todas tienen mucho en común. Por ejemplo, todas tienen un CPU, un RAM, un tablero maestro y por lo menos un disco duro.

USO DE LA TECNOLOGÍA DIGITAL

iconos
Macintosh y Windows operan sistemas que utilizan iconos para permitir al usuario tener acceso fácilmente a las aplicaciones, folders y archivos.

aplicación o programa   carpeta   archivo

populares son Windows, producido por Microsoft y el sistema operativo Macintosh de Apple. Ambos proveen una interfase gráfica para el usuario que presenta archivos y programas en pequeñas imágenes, llamadas iconos, en la pantalla. Este método hace muy sencillo el acceso y la organización del contenido del disco duro.

conectando
La información digital pasa entre el CPU y aparatos externos o periféricos mediante cables que se conectan al tablero maestro a través de sockets llamados puertos.

expandiendo y conectando

El CPU está conectado a varios aparatos dentro de la computadora, incluyendo microprocesadores separados que llevan a cabo tareas específicas. Tableros de circuito, llamados tarjetas de expansión, son enchufados al tablero maestro y conectados al CPU a través de pistas de metal llamadas buses. Una tarjeta de expansión digita señales de sonido análogo mientras otra produce información exterior (*output*) para el monitor. Esto le da al CPU más tiempo de procesamiento para realizar las tareas que los programas en funcionamiento soliciten. Al CPU también pueden conectarse aparatos externos utilizando una variedad de cables estándar que se conectan en *sockets* llamados puertos.

Aun cuando la computadora personal es digital, algunas veces necesita producir señales análogas externas. Por ejemplo, para escuchar sonidos producidos por la computadora deben conectarse unas bocinas y un amplificador. Estos son aparatos análogos, la tarjeta de sonido en la computadora convierte las señales de sonido digital producidas por el CPU en señales análogas para el amplificador. Sin embargo la mayoría de los aparatos internos y externos a los que el CPU es conectado, son digitales. Los enlaces entre los aparatos digitales –y las redes digitales– eficientizan los negocios modernos y han integrado al igual muchas otras áreas de nuestras vidas.

Los sistemas de interfase de pequeñas computadoras (SCSI) conocidos como *scuzzy* son más rápidos que los cables paralelos

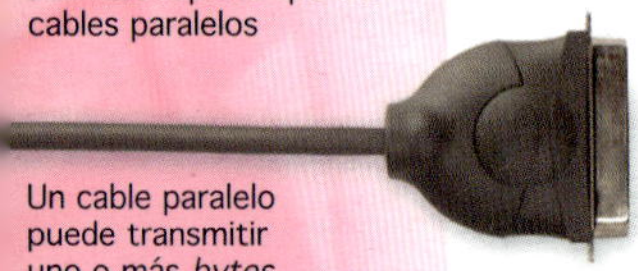

Un cable paralelo puede transmitir uno o más *bytes* simultáneamente

El USB tiene más capacidad que un SCSI o un cable paralelo

redes digitales

La interconexión es una de las mayores fortalezas de los aparatos digitales. Una red se forma cuando dos o más aparatos digitales están conectados entre sí. Las redes digitales aumentan día con día en el mundo moderno: los cajeros automáticos están conectados a las computadoras de las centrales bancarias; una oficina promedio tiene varias computadoras personales conectadas entre sí y a la misma impresora; la mayoría de las cajas de los supermercados están conectadas a una computadora central que registra las existencias en bodega; y la mayoría de las llamadas de teléfono celular se hacen a través de redes digitales. Los aparatos digitales pueden formar redes temporales al igual que aquellos que están conectados permanentemente. Por ejemplo, la información que se ingresa en un asistente personal digital puede ser transferida a una PC al conectarla con los cables indicados o incluso por medio de rayos infrarrojos. En estos casos la red únicamente existe durante el tiempo que toma la transferencia de la información.

efectivo en red
Los clientes de los bancos utilizan las redes digitales al utilizar un cajero automático.

red de aire
Las redes pueden ser temporales o permanentes y pueden hacerse a través de cables de metal, de fibra óptica o en el aire utilizando ondas de radio infrarrojas.

enlace

La información que pasa entre aparatos a través de una red digital sigue una serie de reglas llamadas protocolos. El uso de estos protocolos asegura que la información es entregada confiablemente a través de la red. Cuando los aparatos se conectan a la red se comunican entre ellos para asegurar que están utilizando el mismo protocolo. Este proceso se conoce como "enlace". Por ejemplo, el sonido que hace un fax cuando se conecta, timbres agudos que llevan información

USO DE LA TECNOLOGÍA DIGITAL

fijar protocolos
Igual que las personas, los aparatos digitales necesitan establecer entendimiento mutuo antes de poder comunicarse eficientemente.

codificada de los dos aparatos. Una vez que el enlace se ha completado se establece la red entre las dos máquinas y la información puede fluir efectivamente entre ellas.

redes de área locales

El tipo de red más común es la red de área local (LAN); el tipo de red que conecta computadoras personales e impresoras en una oficina, por ejemplo. En organizaciones grandes, varias oficinas deben estar en la misma LAN, compartiendo archivos entre departamentos y comunicándose por correo electrónico.

El protocolo más utilizado en LAN se llama ethernet. Cada aparato conectado a una red de ethernet tiene una dirección exclusiva que la identifica. Los cables de ethernet permiten una transmisión digital de información digital de alta velocidad. Los archivos de computadora se envían a través de la red en pequeños grupos de *bytes* llamados *frames*. Cada *frame* contiene un archivo, o parte de un archivo en transferencia entre dos aparatos de la red. Contiene también la dirección del aparato al que fue enviada la información y cualquier otra información necesaria para la entrega exitosa de la información.

La conexión estándar utilizada en ethernet —especialmente en oficinas— es un cable RJ-45 que parece un cable de teléfono gordo.

cables veloces
Estos cables RJ-45 (arriba) son capaces de transmitir un megabyte de información cada segundo.

servidores

En la mayoría de las LAN al menos una computadora es un servidor. El propósito de un servidor es almacenar archivos y ponerlos a disposición de las personas que están conectadas a la red. Algunos de los archivos son aplicaciones que todos los usuarios conectados pueden utilizar sin tener una copia en su propia PC (computadora personal). Esto quiere decir que todos aquellos conectados en la misma red estarán utilizando las mismas aplicaciones. Algunas veces los servidores son simplemente computadoras de escritorio que corren las aplicaciones de un servidor. Las LAN que no tienen servidor se llaman redes de igual a igual; los archivos y aplicaciones pueden estar en cualquiera de las computadoras y son compartidos entre todas las máquinas conectadas a la red.

No todos los archivos de un servidor están disponibles para todos los usuarios de la red: cada usuario tiene diferentes privilegios de acceso. Por ejemplo, solamente las personas de contabilidad pueden tener acceso a los archivos de nómina. Algunas veces un usuario puede ganar algunos privilegios al ingresar una contraseña, revisar su

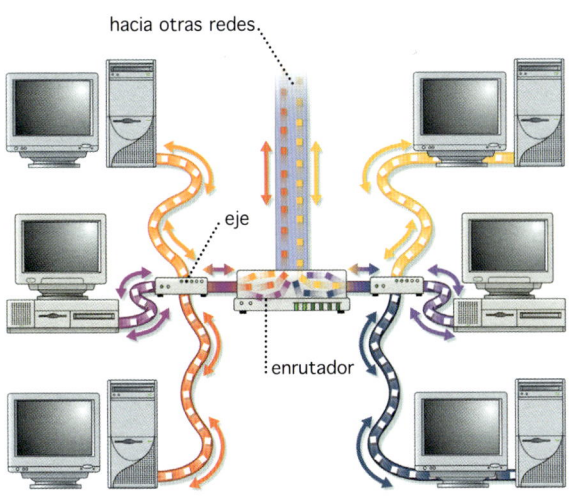

red ethernet
Muchas redes ethernet incluyen aparatos llamados ejes que permiten la sencilla conexión de nuevas computadoras a la red. LAN muy grandes pueden ser subdivididas utilizando enrutadores que controlan el flujo de tráfico de la red. Un enrutador también ayuda a conectar una red con otra formando una interred.

correo electrónico es un ejemplo. En una LAN típica los mensajes electrónicos tienen un servidor propio llamado servidor de correo. Este guarda los correos electrónicos de cada usuario y únicamente pueden ser leídos por el destinatario. Una vez que la contraseña correcta es proporcionada para tener acceso a la ubicación exacta del mensaje (llamada buzón) en el servidor de correo, se utiliza un programa de correo electrónico especial para comunicarse con el servidor de correo y que baja y despliega los mensajes.

conexión de redes

computadora en red

enrutadores

servidor de internet

Una red de área local con muchos usuarios puede congestionarse ya que sólo un frame de información puede ser liberada en los cables de la red a la vez. Por lo tanto las LAN grandes cuentan con varios servidores y además un servidor de correo general. Aparatos adicionales llamados enrutadores dirigen el tráfico de información a los servidores. Casi todas las LAN están, por lo general, conectadas a otras redes formando así interredes. Una LAN individual es comúnmente llamada intranet. Los enrutadores corren programas que planean la ruta para cada frame de información vía otros enrutadores. Esto es muy útil si algunas zonas de la red están congestionadas o fuera de servicio ya que la información puede ser enrutada sin pasar por la zona del problema. El hecho de que las redes sean diferentes significa que los protocolos también pueden serlo, por lo que un aparato llamado puente se utiliza en cualquier conexión entre redes para traducir los diferentes protocolos.

TCP/IP

Para asegurar que las redes puedan comunicarse se utilizan protocolos que puedan funcionar en cualquier red. Un ejemplo es el protocolo de control de transferencia, protocolo de internet (TCP/IP) que es una familia de protocolos que permite la transferencia de archivos a muchas y diferentes redes. El TCP/IP es la base de internet.

Cualquier interred tiene un sistema de conexiones digitales de alta velocidad llamada columna vertebral. Un aparato llamado gateway permite que el tráfico pase entre la LAN y el eje central de la interred y forma una conexión conocida como punto de acceso de la red. Internet debe su existencia a los servidores, puentes, enrutadores y vías de acceso. Juntos, éstos pueden unir redes en lugares opuestos del mundo.

trabajando en red
Los enrutadores permiten que dos o más redes se conecten entre sí, dirigiendo el tráfico de la red y traduciendo los diferentes protocolos.

puntos clave

• La información que fluye en los aparatos digitales sigue reglas llamadas protocolos.

• Las computadoras e impresoras en una red de área local utilizan comúnmente el protocolo ethernet.

internet

Prácticamente todo el mundo sabe de la existencia de internet, la red más importante que conecta computadoras en todos los continentes del mundo. La cantidad de servicios que ofrece internet es impresionante; compras en casa y banca electrónica son ejemplos obvios. Ofrece oportunidades sin precedentes para la comunicación internacional así como la colaboración, educación y diseminación de información. Nadie tiene el control sobre esta red mundial, lo cual va de la mano con la libertad de expresión y puede tener consecuencias positivas y negativas. Por ejemplo, internet puede ser utilizado para publicar prácticas inmorales o influir en la gente para explotar a otros.

conectándose

Las grandes organizaciones tienen una conexión directa a la columna vertebral de internet. Sin embargo, la mayoría de los individuos y pequeñas compañías se conectan internet a través de servidores que pertenecen a compañías proveedoras de servicios de internet (ISP). Las ISP proveen puntos de acceso a la red (NAP) a través de un servidor especial llamado servidor de acceso que actúa como una presencia de punto (POP) en internet. Las personas o pequeñas organizaciones tienen conexiones permanentes o conexiones vía módems de marcación. Cuando los usuarios están conectados a los servidores de los ISP están también conectados a internet. De esta manera, los ISP proveen un modo de accesar a la información desde cualquier otra red en internet.

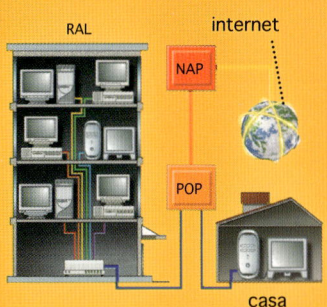

USO DE LA TECNOLOGÍA DIGITAL

módems

Un módem (modulador/demodulador) convierte señales digitales de información saliente (*output*), de manera que puedan ser transmitidas a través de una línea telefónica. Cuando un módem marca un número telefónico, aparatos llamados *switches* (interruptores) conectan ese módem a otro módem del ISP. Un módem produce un sonido agudo llamado señal portadora. Modula constantemente ciertas características de esta señal para representar grupos de dígitos binarios. El tono modulado es transmitido a través de la línea de teléfono del mismo modo que el sonido de tu voz. Otro módem conectado al servidor de acceso demodula la señal recuperando los dígitos binarios. De esta manera la información circula en ambas direcciones permitiendo a los usuarios enviar al servidor la petición de información de internet y recibir la información de los servidores operados por otros ISP.

módems
Un módem codifica información digital –texto, imágenes, información, video– de una computadora personal a una señal análoga de sonido. La señal pasa a través de una red telefónica y es convertida nuevamente en información digital por otro módem. Este proceso ocurre sin importar la dirección de la información.

La mayoría de los módems pueden transferir hasta 56 *kilobits* por segundo (Kbps). Casi el límite de velocidad de transferencia de información a través de un sistema convencional telefónico. Un *kilobit* es igual a 1,024 *bits* (al igual que un *kilobyte* son 1,024 *bytes*) en principio 57 mil 344 *bits* (7 KB) pueden pasar entre dos módems cada segundo. Los módems de 5 Kbps utilizan una tecnología llamada modo de transferencia asincrónico (MTA) que transfiere la información mas rápidamente al bajarla (de un ISP al cliente)

Cuando en 1940 el estadunidense **Vannevar Bush** (1890-1974) desarrolló la idea de la "memex" –un sistema de cobro y almacenamiento de información– parte computadora, parte base de datos, que constaba de una pantalla y un teclado, predijo la invención de la computadora personal. Describió también una versión temprana de internet con uniones de hiperligas.

autopistas de información

La velocidad de transferencia de información a través de la red depende del ancho de banda; el volumen de información que puede ser enviado en *bits* por segundo. El servicio de teléfono convencional que conecta a un ISP con sus clientes se llama conexión de banda angosta. Todas las conexiones de internet entre redes son conexiones de banda ancha y pueden transmitir varios miles de *megabits* por segundo (Mbps). Una nueva tecnología llamada división múltiple de densidad de ancho de onda permite transferir 400 *gigabits* (409 mil 600 Mbps) por segundo a través de una sola fibra óptica. Sería como pensar en la columna vertebral de internet como autopistas de información llevando grandes volúmenes de tráfico veloz, mientras que una conexión individual a un ISP sería el equivalente a una calle normal. La creciente disponibilidad, popularidad y eficacia de internet hace que cada vez más personas quieran tener esta autopista en sus manos. Por ello los ISP han comenzado a ofrecer accesos de banda ancha a internet.

que al subirla (viceversa). La transferencia actual depende de varios factores; por ejemplo, la cantidad de usuarios conectados al mismo tiempo al servidor de acceso.

opciones de ancho de banda

Hay varias opciones disponibles para los clientes de ISP que desean recabar información más rápidamente de internet, que con un módem de marcación. Las tecnologías que transfieren información entre 64 Kbps y 1.5 Mbps se denominan ancho de banda. Todas estas opciones proveen más anchos de banda que las conexiones de módems de marcación ya que no utilizan la tecnología convencional telefónica. En sus principios, los sistemas telefónicos

USO DE LA TECNOLOGÍA DIGITAL

llevaban el sonido en forma de señales eléctricas que eran señales de sonido análogas que son una copia directa de las ondas de sonido habladas por teléfono. La mayoría de las redes telefónicas hoy en día transmiten señales digitales. Estas llevan una corriente aproximada de 64 *kilobits* (8 KB) por segundo. Durante una llamada telefónica el sonido de tu voz se digitaliza ya sea en una caja central en la calle o durante el intercambio de teléfono. El sonido digitalizado es transmitido –junto con otros millones de señales– a través de redes digitales de alta velocidad. Es decodificado a una señal análoga al momento de la recepción o en una central en la calle antes de llegar al aparato receptor.

viejo y nuevo
Las ISDN y DSL alcanzan accesos de ancho de banda a internet a través de cables trenzados existentes; la base de las redes originales de telefonía análoga que existen hace más de cien años.

ISDN

Una de las nuevas opciones de banda ancha es la red digital de servicios integrados (ISDN) que utiliza la línea telefónica existente pero de manera digital. Los usuarios cuyas señales son digitalizadas en el intercambio, y no en la caja central pueden enviar señales digitales desde su computadora durante todo el proceso de intercambio. En el intercambio, las señales digitales evaden el convertidor análogo a digital y continúan como señales digitales hasta su ISP. De esta manera cada línea de teléfono puede transferir señales digitales a 64 *kilobits* por segundo; más rápido que un módem de marcación. Las familias con dos líneas telefónicas tienen 128 *kilobits* por segundo. La instalación de más líneas telefónicas ofrece la posibilidad de combinar diferentes canales de ISDN produciendo un mayor ancho de banda.

videoconferencia
Uno de los primeros usos de las ISDN fue conectar personas en conferencias de un continente a otro.

DSL y módems por cable

Otros ejemplos populares de tecnología de banda ancha son los DSL (líneas digitales abonadas) y los módems por cable. Como las ISDN, las DSL utilizan los cables telefónicos presentes. Las llamadas telefónicas utilizan una pequeñísima

INTERNET

parte del potencial de ancho de banda de estos cables. Las DSL utilizan aún más su potencial y transfieren información digital codificada en señales eléctricas de alta frecuencia. Igualmente modula sus señales como módem de marcación pero el ancho de banda es mucho más grande. Los módems por cable funcionan de manera similar, pero la información se transfiere a través de cables de televisión o como luz láser codificada digitalmente a través de cables de fibra óptica que proveen las compañías de televisión.

Estos dos sistemas son capaces de transferir muchos *megabytes* por segundo, las versiones domésticas normalmente permiten a los usuarios bajar información a 512 *kilobits* (62 KB) por segundo. Ambos sistemas tienen otras ventajas sobre los módems de marcación ordinarios. Los usuarios de marcación siempre deben de esperar mientras sus módems se sincronizan con los módems de los ISP. Tienen gastos telefónicos cada vez que están en línea conectados a internet. Los usuarios de cable y de DSL mantienen su conexión al ISP cuando sus computadoras son apagadas, normalmente, por una cuota fija mensual.

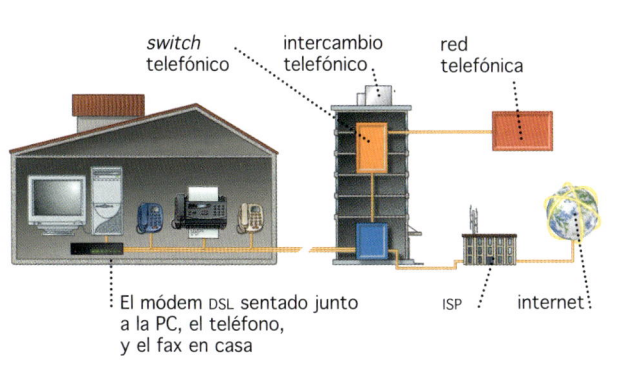

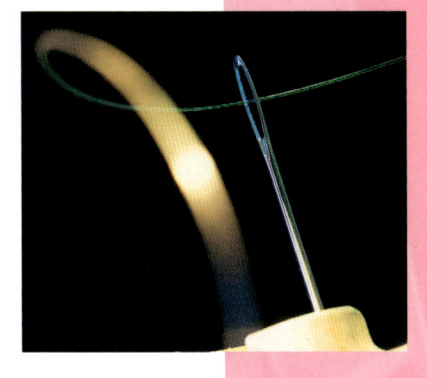

conductor de señal
Los cables de fibra óptica se componen de millones de finísimas líneas individuales. Esto hace que el cable sea flexible y capaz de transportar enormes cantidades de información además de ofrecer una rapidísima conexión.

conexiones rápidas
Las DSL de alta velocidad ofrecen acceso más rápido a Internet, sin embargo, el usuario utiliza cables ordinarios de teléfono y fax.

switch telefónico · intercambio telefónico · red telefónica

El módem DSL sentado junto a la PC, el teléfono, y el fax en casa · ISP · internet

USO DE LA TECNOLOGÍA DIGITAL

direcciones digitales
La información digital es enviada a través de internet en paquetes, cada uno con códigos que la dirigen a la dirección correcta.

paquetes

Sin importar el modo de conexión de una persona a los servidores, cada archivo que intercambia es dividido y codificado en pequeños grupos de dígitos binarios. Cada envío de información digital se llama paquete y contiene la dirección del servidor al que la información está destinada; otros dígitos binarios ayudan a los enrutadores de internet a asegurar que la información llegue a su destino.

La dirección de un servidor se llama dirección IP y consiste de 32 dígitos binarios. Para la conveniencia humana, normalmente se escribe como cuatro números separados por puntos decimales. En su forma binaria las direcciones de IP forman una parte esencial de cada paquete enviado a través de internet. Son asignadas por una organización llamada Centro de información de redes de internet.

Transmitir archivos de computadora a través de Internet en paquetes significa que los diferentes fragmentos que conforman un solo documento pueden tomar diferentes rutas hacia su destino. Esta es una manera muy efectiva de utilizar el ancho de banda disponible en las diferentes secciones de internet. Cada paquete tiene un número, que identifica el lugar que ocupa la información en el documento completo. Al utilizar los cambios de paquetes y el sistema de direcciones de IP los usuarios pueden

paquetes en código
Aquí se muestra el código digital para un paquete de información. Los colores representan su dimensión total (magenta), la posición de la información en el documento completo (amarillo), su protocolo (naranja), la dirección de IP que lo envía (morado) y la dirección IP a la que se envía (azul). La información del paquete aparece en negro.

```
11011010111100111011010110110110111011100110111011110110011101
01011101011001110101011111011011010101111011110110110110101101
11011110011110110110110110110111101010010110000001101010110111
10001010000011010101011111100110101111000010010101111111111
11010101010010101010101010101011111111111111111111110000000
00010100000000000000011111100101000000000000000000000000
00000011111111111000000000011111111111111111111111110000000
00101010101100110011010101010101010101010101011111111010
000000101011011100101011101010101011111110101000110101011100101
000000000001010101011111111110101000001010011110010000000
000010101011010111000010111110100100010101101010001001111111
11101010100010100001010110111101010101010100000000000000001010
10101010101001100011101010010000000101111111101010101010101011
111111010101000000010100011111111010100011111111100000000000101
010101011011001000001101001101010101101010101010100010110101101010110101101010
```

INTERNET

intercambiar cualquier tipo de documento o programa con cualquier servidor que esté conectado a internet.

correo electrónico y páginas web

Un tipo de servidor utilizado por cada ISP es el servidor de correo que almacena archivos de correo electrónico. Normalmente, un ISP tiene un servidor de correo que recibe mensajes para sus clientes y uno que envía los mensajes de sus clientes. Cada servidor de correo tiene su propia dirección IP. El correo electrónico permite a las personas alrededor del mundo comunicarse con otras rápida y convenientemente. Cientos de millones de correos

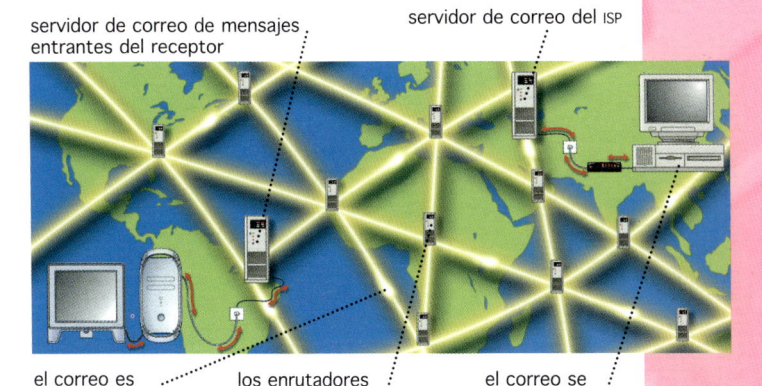

servidor de correo de mensajes entrantes del receptor

servidor de correo del ISP

el correo es enrutado a la red

los enrutadores controlan el flujo de tráfico

el correo se envía de esta computadora

electrónicos se envían a través de internet diariamente por innumerables y distintas razones: amigos y familiares los envían para mantenerse en contacto; los negocios los envían para contactar clientes actuales y potenciales; se intercambian archivos de computadora codificados en transmisiones de correo electrónico como archivos adjuntos (*attachments*). Los mensajes electrónicos son también la base de grupos de noticias, boletines de internet que se publican en servidores de noticias.

Otro tipo es el servidor de la web, que guarda documentos que pueden ser leídos por cualquiera que esté conectado a internet. Aplicaciones llamadas "buscadores"

envío de mensajes
Los correos electrónicos pasan primero del servidor de correo del ISP de quien lo envía. Viajan en paquetes a través de internet y son dirigidos por los enrutadores al servidor de mensajes entrantes en el ISP de la persona a la que está destinado el mensaje.

USO DE LA TECNOLOGÍA DIGITAL

son utilizadas para desplegar estos documentos en forma de "páginas web". Los buscadores más populares son Netscape, escrito por la Corporación de comunicaciones Netscape y el Internet Explorer de Microsoft. Afortunadamente los usuarios no tienen que ingresar la dirección IP del servidor necesario para desplegar determinada página web. En su lugar, una palabra clave llamada nombre de dominio se asigna a cada servidor conectado a internet. Así que por ejemplo, 158.43.129.68 se convierte en www.dk.com. La parte del nombre de dominio con las www indica que el anfitrión es un servidor web.

HTML
Las páginas web se escriben utilizando un lenguaje llamado HTML. Se utilizan códigos llamados etiquetas para formatear texto e imágenes para que el documento produzca una página web al utilizar un buscador. Las etiquetas denotan también las ligas de hipertextos incluidos que son quizá el elemento más importante de la web.

acceso a una página web a través de un buscador

página HTML

liga de hipertexto en una página web

página web con texto e imágenes

etiqueta en lenguaje hipertexto que denota una liga

hiperligas

En una página web hay referencias de otros archivos que pueden estar localizados en cualquier parte de internet. Estas referencias se llaman ligas de hipertexto, hiperligas o ligas. El protocolo que usan los buscadores para accesar a las páginas web se llama protocolo de transferencia de hipertexto (HTTP), el documento que define cómo se verá la página web está escrito en lenguaje señalado de hipertexto (HTML).

java y *applets*

Un gran número de páginas web contienen elementos de un programa de lenguaje de computación llamado java. Mientras que el HTML hace un poco más que desplegar imágenes y texto, java es utilizado para crear "guiones" dentro de los documentos HTML que permiten a los diseñadores de páginas web incluir elementos como música de fondo, animación o video digital en vivo, los cuales se despliegan dentro de la página web y en juegos de computación. Los guiones también permiten al buscador integrado en el java, abrir tipos de documentos que el buscador no podría abrir por sí mismo, como tipos específicos de páginas extendidas. Los programas java integrados en las páginas web se llaman *applets* una versión corta de palabra *applications* en inglés (aplicaciones).

world wide web (www)

Cualquiera que haya navegado por internet ha visto una página web y probablemente explorado las ligas que contiene. Para seguir una liga se utiliza un ratón que mueve una flecha sobre ciertas partes de la página web desplegada en un monitor de computadora. Esto provoca que el buscador de tu computadora envíe una petición al servidor de la web deteniendo el archivo ligado; normalmente otra página web. En un documento HTML las ligas aparecen en forma de localizadores de reabastecimiento uniformes (URL), que contienen el nombre del dominio del servidor destinatario así como el protocolo requerido para abrir el documento solicitado. Un servidor responde a una solicitud enviando una copia del archivo ligado a la computadora que tú estás utilizando. Este sistema de ligas en las páginas web de internet forma un efectivo complejo de información virtual continuamente cambiante. A esto se le denomina World Wide Web (www), comúnmente conocida como la web.

> "El mundo ha llegado a una era de aparatos baratos y complejos de gran confiabilidad, algo está forzado a resultar de eso."
>
> Vannevar Bush, 1945

USO DE LA TECNOLOGÍA DIGITAL

Los consumidores de los ISP producen muchas veces sus páginas web y las transfieren al servidor de web; un proceso llamado "carga de información". La presencia de un documento en un servidor web lo hace disponible a cualquier otra persona conectada a internet, donde sea que estén, por lo que es una manera efectiva de publicar información.

sitios web

El conjunto de páginas web interrelacionadas contenidas en el mismo folder de un servidor web se llama sitio web. Todos los sitios web tienen una página principal, llamada *homepage*, que provee el acceso al sitio y ligas a las otras páginas del sitio. Muchos individuos y organizaciones publican su información en sitios web por diferentes razones. Las universidades exponen sus investigaciones e intentan reclutar nuevos estudiantes; los negocios anuncian sus servicios; organizaciones gubernamentales o no gubernamentales diseminan información pública; las compañías de transporte publican sus horarios; las agencias informativas compiten por ser las primeras en publicar noticias y los individuos publican fotos de sí mismos y sus familias. A través de los sitios web también se puede tener acceso a otros servicios, como la banca en línea.

análisis de información
La mayoría de los sitios web son una jerarquía de información. La homepage contiene ligas a áreas de interés en el sitio y otras ligas regresan a la homepage.

instantáneas
Las páginas web personales normalmente contienen imágenes de sus familias. Esta es una manera efectiva de mantener contacto con familiares y amigos a distancia.

búsqueda

Los sitios web muy grandes tienen sus propios servicios de búsqueda a través de los cuales los usuarios de internet pueden localizar archivos en los servidores del sitio en uso. El usuario da una palabra clave a través de su buscador a una aplicación llamada máquina de búsqueda. Ésta examina el contenido de cada archivo HTML retenido en el servidor y hace una lista de todo lo que contenga la palabra clave. Esto toma una fracción de segundo y los resultados se publican en el servidor web como documentos HTML. El buscador del usuario abre automáticamente los resultados de la búsqueda y despliega las ligas a las páginas listadas. Algunas máquinas de búsqueda no restringen la búsqueda de documentos a su propio servidor sino que "arrastran" la web, siguiendo automáticamente ligas de una página web a otra y almacenan copias de los documentos HTML de las páginas visitadas. Al hacer esto, construyen una base de datos con copias de millones de páginas web. Cuando alguien envía una palabra clave a una de estas máquinas de búsqueda, se realiza una búsqueda en todos los documentos de la base de datos. Esta es una búsqueda de documentos retenidos en miles de diferentes servidores en internet.

> El científico de computación inglés **Tim Berners Lee** (nacido en 1955) ayudó a la creación de la www. En 1990, al trabajar en una investigación científica en Génova llamada CERN, inventó el HTML dando su punto de vista de cómo debería trabajar la web. Antes de que existiera el HTML, internet sólo era utilizado por académicos y agencias militares.

flujo de información

Al utilizar buscadores, los usuarios de internet pueden descargar archivos útiles o interesantes. Muchas personas descargan aplicaciones como juegos de video. Otras están mas interesadas en descargar documentos de texto o sonido digital, imagen o películas en video. La mayoría de estos archivos no puede ser procesada hasta que han sido descargados en su totalidad. Algunos archivos de sonido o video digital pueden ser procesados mientras se reciben. A esto se le llama flujo de información. Ligas contenidas en páginas web guían al servidor que contiene los archivos en cuestión. A menudo hay una variedad de ligas para elegir en la página web: los archivos de flujo de diferentes calidades se sincronizan al ancho de banda de la conexión del usuario. Entre más grande sea el ancho de banda mejor será la calidad que reciban.

MP3

Ya sean descargados en su totalidad o que se reciban en formato de flujo, la mayoría de los archivos de computadora –particularmente los de sonido y video– son comprimidos. Esto reduce el tiempo que toma descargarlos.

rápido y lento
Al utilizar un módem de marcación, los grandes archivos pueden demorarse mucho en descargar sobre todo si no están comprimidos. Esta es una de las razones por las que las conexiones de banda ancha a internet son cada vez más populares.

> Elementos que faltan por descargar: 01
>
> alto
>
> ▸ tiempo: cerca de 24 horas

La forma más popular de compresión para archivos de sonido desgargados de internet es MP3 (*ver p. 19*), que puede entregar el sonido con una calidad muy cercana a la de un CD utilizando únicamente 64 *kilobits* por segundo. Una transferencia con una línea telefónica ordinaria de sonido digital sin comprimir tiene una calidad mucho más baja. El MP3 se ha vuelto muy popular. Los usuarios de internet pueden descargar un archivo MP3 de cualquiera de los cientos de páginas web y escucharlas en su computadora. Muchos usuarios han formado grandes colecciones de archivos MP3 en sus discos duros y tienen reproductores portátiles MP3 a los que los archivos pueden

INTERNET 47

ser transferidos. Algunos músicos convierten su propia música en archivos MP3 y la ponen a disponibilidad en sus páginas web.

napster

El MP3 ha cambiado la manera en que muchísimas personas escuchan, compran o comparten música. Una aplicación que ha contribuido a esto es Napster, que permite a las personas compartir archivos de música en línea. Millones de personas se han registrado en el servicio otorgado por la compañía Napster, que tiene una base de datos de sus miembros así como detalles del tipo de música que tienen en sus computadoras. La música puede ser transferida digitalmente entre cualquier miembro. Al principio, éste era un servicio gratuito; una técnica popular antes de que existieran la industria de la música o los abogados de derechos de autor. Tras un largo y publicitado proceso legal se acordó que Napster cobraría su servicio a manera de suscripción y el porcentaje de las ganancias sería entregado a los propietarios de los derechos de la música. Napster retó las leyes tradicionales de derechos de autor y obligó a las compañías disqueras a buscar métodos alternativos para proteger sus productos, lo cual ha permitido a algunas compañías iniciar la venta de su propia música en línea.

Para hacer esto, y para vender otros productos en línea, las personas deben llevar a cabo transacciones financieras vía internet.

el reproductor MP3 se controla por los botones en la cara del reloj.

reloj MP3
Los archivos MP3 pueden ser descargados de internet y escuchados en computadoras o aparatos digitales como éste reloj con reproductor MP3 integrado.

derechos de autor
Napster hizo que la industria de la música se diera cuenta que para controlar las violaciones de derechos de autor, la música debe protegerse antes, durante y después de su lanzamiento.

virus y gusanos

Una amenaza particular para la seguridad de internet radica en cierto tipo de información que se transmite en él mismo. Un archivo de cualquier tipo puede ser enviado a una computadora conectada a internet vía correo electrónico. Algunos archivos son pequeños programas que una vez en la computadora del usuario de internet pueden causar serios problemas. Estos programas insertan su propio código binario en los programas que ya existen en la computadora. Esto puede provocar la destrucción de la información u otros problemas que pueden detener el funcionamiento de la computadora. Estos programas se llaman virus, porque infectan la computadora trabajando rápidamente y multiplicándose a sí mismos. Los virus pueden propagarse a través de las redes y causar grandes daños. Algunos virus similares son los gusanos; son más autosuficientes que un virus ya que trabajan sin tener que apoderarse de otro programa. Los gusanos pueden propagarse muy rápidamente a través de toda una red de computadoras programando a las aplicaciones del correo electrónico al reenviar copias del gusano a todos los que aparecen en la libreta de direcciones electrónicas. En internet se publican advertencias contra estos gusanos en cuanto son detectados.

Comercialmente existen muchos programas antivirus para prevenir que las computadoras se infecten de virus conocidos.

invasión de virus
Virus, tanto biológicos como de computadora, penetran las defensas.

pared celular del portador

comercio electrónico

El incremento del uso de internet ha dado oportunidad a nuevas formas de negocio. Una de las innovaciones más importantes es la capacidad de transferir dinero por internet utilizando un sistema de transferencia electrónica que existía antes de internet: las tarjetas de crédito o débito. La capacidad de transferir dinero a través de Internet permite a las personas ir al banco en línea, comprar en tiendas virtuales o pagar por programas que han descargado en sus computadoras.

comercio electrónico

En los últimos años la cantidad de dinero gastada en compras de productos y servicios en línea se ha incrementado dramáticamente y se piensa que lo seguirá haciendo.

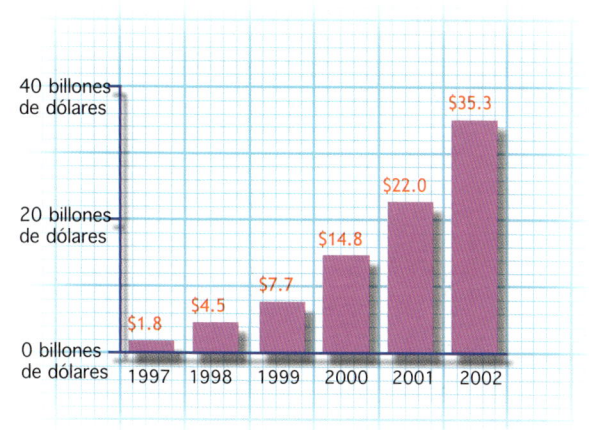

Año	Monto
1997	$1.8
1998	$4.5
1999	$7.7
2000	$14.8
2001	$22.0
2002	$35.3

Actualmente, muchos negocios encuentran en internet una atractiva manera para anunciarse. Las páginas web con contenidos atractivos generalmente atraen a más usuarios y por lo tanto pueden cobrar más a las compañías por anunciar sus productos en ellas.

seguridad en internet

Muchos sitios web utilizan pequeños archivos de computadora llamados *cookies*, que se descargan al disco duro de un usuario de internet y contienen detalles personales de esa persona además de la identificación de su computadora. Normalmente una *cookie* contiene el nombre y dirección electrónica de la persona y detalles de cuándo visitó el sitio web. Otra información acerca de los visitantes del sitio web –como la lista de sus búsquedas, compras y formas de pago– pueden ser almacenadas en el servidor de la compañía. Esto es conveniente para el usuario porque así no tiene que ingresar todos sus datos personales cada vez que quiera comprar en línea. Pero también trae importantes preguntas acerca de la seguridad y la privacía.

símbolo de seguridad

Al utilizar el Internet Explorer o el navegador Netscape un símbolo con un candado aparecerá al pie de la ventana al tener acceso a un sitio seguro.

puntos clave

- Internet es una red mundial de computadoras
- Los usuarios de internet pueden intercambiar correos electrónicos y pueden tener acceso a la www, una enorme colección de páginas web interconectadas.
- En la www hay muchos servicios disponibles, incluyendo el comercio electrónico y el video y audio streamed digital.

crimen cibernético
Sin importar las medidas de seguridad que ofrecen los ISP como las contraseñas, la adquisición ilegal de información protegida en Internet sigue siendo un problema.

Al igual que una persona puede interferir conversaciones telefónicas de otras personas sin el conocimiento de éstas, la información transmitida a través de Internet puede ser interceptada. Por esta razón algunos sitios publican ciertas páginas en un servidor seguro. La comunicación entre un servidor seguro y un usuario de internet se codifica de acuerdo con un número llamado clave que se utiliza para encapsular los detalles que se envían por Internet, de manera que si alguien interceptara la información no podría encontrarle sentido. Esto se conoce como criptografía y ofrece una forma segura de comprar en línea utilizando, por ejemplo, una tarjeta de crédito.

crackers

Otra amenaza a la seguridad de la información en internet son los *crackers*: personas que utilizan las computadoras para tener acceso a información segura. Los *crackers* sobrepasan los sistemas de control de las contraseñas y encuentran maneras de intercambiar información con servidores seguros para utilizarla más tarde de manera incorrecta y provocar daños. Este proceso se conoce como *cracking* y puede comprometer la seguridad de la información retenida en redes comerciales o gubernamentales. Erróneamente, muchas personas utilizan la palabra *hacker* para describir a un *cracker*. Los *hackers* no comprometen la seguridad: son programadores expertos que comparten los resultados de su trabajo vía internet. Un gran número de populares aplicaciones de computación –la mayoría gratuitas– fueron diseñadas por equipos de *hackers*.

ingresar una contraseña simplemente otorga una protección parcial

ondas de aire digitales

El teléfono celular es públicamente la mayor prueba de cómo se ha extendido la tecnología digital. Al igual que la mayor parte de las comunicaciones digitales, está basada en redes. Las redes de teléfonos celulares se dividen en células de aproximadamente 26 kilómetros cuadrados de área y cada una contiene una estación base con una antena de radio. Al encender tu teléfono, éste se conecta a la oficina de control de redes a través de la estación base de la célula en la que te encuentras. Cuando recibes una llamada la oficina de control le informa a tu teléfono qué frecuencia debe usar, una vez que la estación base y tu teléfono sintonizan esas frecuencias la llamada se conecta y puedes comenzar a hablar.

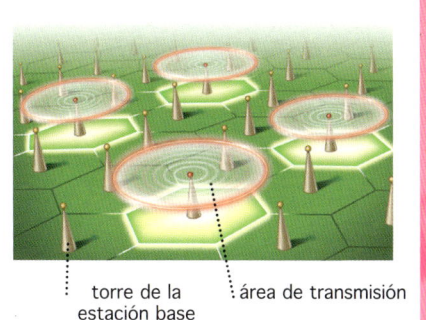

Al acercarte a los límites de la célula en que te encuentras y aproximarte a la siguiente, la estación base de la siguiente célula se da cuenta que la fuerza de la señal de tu teléfono está incrementando. Las dos estaciones base se coordinan entre sí y tu teléfono recibe una señal para cambiar de frecuencia. Tu teléfono cambia de célula y tu simplemente continúas tu llamada.

Existen nuevos servicios de telefonía celular llamados sistemas de tercera generación (3G), que permiten ingresar a Internet directamente desde un celular 3G

torre de la estación base : área de transmisión

reutilización de frecuencia
Las estaciones base que se comunican con los celulares en cierta área utilizan un rango de frecuencias de radio para enviar y recibir señales. Estas señales no son de alto poder, sin embargo, las estaciones base cercanas pueden utilizar el mismo rango de frecuencia.

voz digital
Los celulares convierten las señales análogas de la voz en señales digitales que pueden ser recibidas y transmitidas por la estación base más cercana.

USO DE LA TECNOLOGÍA DIGITAL

DAT
Las señales análogas de radio sufren interferencias causadas por obstáculos y condiciones climáticas. Las transmisiones de audio digital (DAT) utilizan éstos efectos como reflectores creando condiciones de recepción multidireccionales para utilizar al máximo la sensibilidad del receptor. Las DAT siempre seleccionan el transmisor regional más fuerte para estar siempre en el punto focal de las señales entrantes.

adaptado. Los rangos de transmisión digital a través de una red celular 3G alcanzan hasta 384 Kbps cuando el usuario está en un mismo lugar y 128 Kbps cuando está en movimiento. Esto es lo suficientemente veloz para que los teléfonos incluyan pequeñas pantallas en las que video digital de la persona puede ser desplegado al hacer una llamada. Los teléfonos móviles de video junto con un gran rango de otros aparatos de mano, aparatos adaptados 3G, serán cada vez más comúnes.

radio y televisión

Casi todas las estaciones de radio producen sus programas utilizando la tecnología digital. Muchos, sin embargo, siguen transmitiendo estos programas con señales análogas. Estas señales se transmiten ya sea variando continuamente la fuerza (amplutid modulada, AM), o la frecuencia (frecuencia modulada, FM) de la señal.

De cualquier manera, las estaciones de radio transmiten cada vez más sus señales digitalmente; modulando ondas de alta frecuencia de la misma forma que un módem moda una señal de audio. El sonido digital se envía en paquetes de alrededor de 200 Kbps de sonido binario codificado. El utilizar sonido digital como la base de la transmisión radiofónica lo vuelve ideal para las transmisiones vía internet. Actualmente muchas estaciones de radio transmiten programas publicando archivos de flujo en internet y también como ondas de radio codificadas digitalmente.

Muchas compañías de televisión –ya sea que provean programas a través de transmisores de radio, satélite o fibra óptica– también han comenzado a transmitir señales digitales. Esto ha provocado que aparezcan nuevas tecnologías, incluyendo pago por evento –en donde algunos programas están disponibles únicamente al pagar por ellos– y el video bajo demanda, que permite a los espectadores ver los contenidos de televisión cuando quieran.

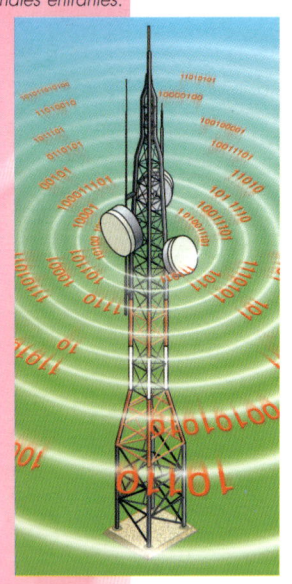

TELEFONÍA DIGITAL 53

transmisión digital

Transmitir digitalmente tiene ventajas sobre la tecnología análoga, como por ejemplo, al enviar códigos erróneos con señales digitales para asegurar una recepción limpia. En una señal digital de radio se incluye información adicional –como títulos de canciones y horarios de programación– y puede ser desplegada en receptores de radio digitales. En algunos servicios de televisión digital es posible ver simultáneamente más de un canal y tener avances interactivos. Uno de los cuales sería el video bajo demanda, en donde las películas podrán ser elegidas y vistas a conveniencia; se necesita sin embargo mucho desarrollo todavía, pero un método podría ser la existencia de una enorme base de datos de películas. Para que esto funcione se necesita una red muy rápida para enviar la película a través de los cables de televisión y dado que las películas se transmiten comprimidas se necesitaría un aparato que las descomprimiera y las mostrara en la pantalla de T.V. Esto podría hacerlo una caja con la memoria suficiente para retener toda una película y proyectarla.

canal principal

un segundo canal puede verse simultáneamente

opciones de canal
Los mismos sistemas digitales de televisión permiten desplegar dos ventanas y hacerlas variar de tamaño, algunas incluso pueden poner en pausa los programas en vivo.

el futuro digital

Los avances en la tecnología digital han mejorado muchas áreas de la vida para una gran cantidad de personas. Esas mismas personas demandan tecnologías más rápidas, baratas, poderosas e integradas que además sean más fáciles de utilizar. Estas demandas son, finalmente, la gasolina de la revolución digital. La velocidad de ésta revolución es tal que es posible hacer predicciones de desarrollo a corto plazo bastante precisas. Sin embargo, la predicción más allá de los próximos años es incierta. Por ejemplo, no existe un consenso acerca del futuro de la computadora personal. Algunos piensan que el advenimiento de los aparatos alternativos super inteligentes harán que la PC sea obsoleta como aparato independiente. Estas personas ven hacia un futuro más lejano en donde la tecnología digital y sus aparatos embonarían perfectamente unos con otros ayudándonos a comunicarnos, aprender, trabajar, comprar y disfrutar; un futuro en el que estaríamos controlados y entretenidos por la tecnología digital. El que ésta visión del futuro se realice o no depende de muchas cosas, así como de las demandas de las personas que serán capaces de pagarlos.

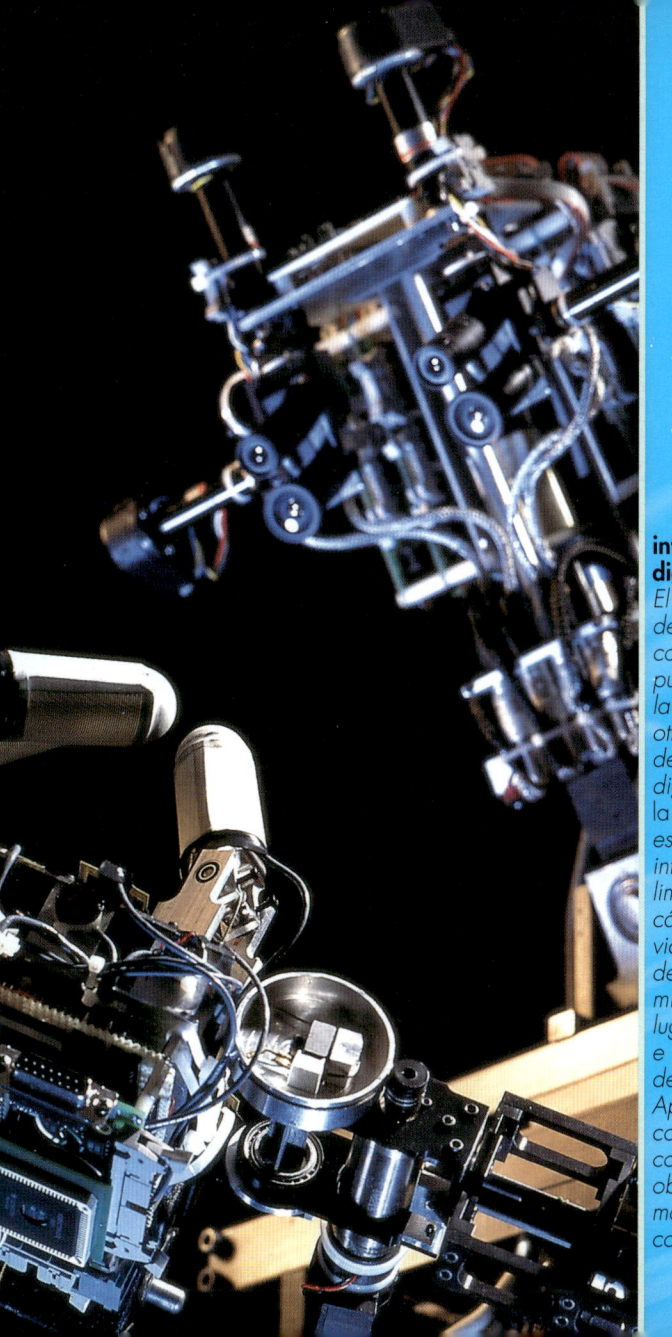

inteligencia digital

El incremento del poder de la computación puede provocar la aparición de otros aparatos de inteligencia digital. COG (en la ilustración) es un robot de inteligencia limitada, tiene cámaras de video en lugar de ojos, micrófonos en lugar de orejas e incluso sentido del equilibrio. Aprende conductas simples como seguir objetos en movimiento con sus ojos.

convergencia

Digitalizar texto, fotos, sonido y video es una manera de expresar todos estos elementos en un lenguaje común compuesto exclusivamente de ceros y unos binarios. Muchos aparatos digitales aprovechan al máximo esta forma de expresión universal. Un organizador personal moderno y digital; puede ser teléfono celular, cámara digital, grabador de sonido digital e incluso una computadora con todas sus funciones.

en movimiento
De los aparatos móviles en línea que incrementan más rápidamente éste "comunicador" es un teléfono celular, agenda y computadora de mano.

fusionando tecnología

Dado que la información digital existe a través de los ceros y unos, los servicios telefónicos, transmisiones de programas digitales y servicios de internet pueden ser entregados por la misma red y al mismo tiempo. Tecnologías antes separadas, han comenzado a fusionarse tomando roles de una y otra. Millones de personas hacen llamadas telefónicas baratas utilizando internet. Este protocolo telefónico de internet es posible gracias a las corrientes de sonido digital a través de internet. Muchas personas escuchan música en línea e incluso compran o descargan sus canciones favoritas.

El DVD es otro ejemplo de convergencia en el mundo digital; los discos DVD pueden utilizarse para almacenar grandes cantidades de cualquier información digital –normalmente películas, sonido de altísima calidad o enciclopedias interactivas– y puede ser leído por una computadora personal o un aparato DVD.

internet y televisión

Internet y la televisión son dos tecnologías destinadas a fusionarse completamente en un futuro cercano. Este proceso ya empezó gracias al sistema de computadora personal con *home theatre* (HTPC) que ofrece una gran gama de funciones de internet y televisión. La mayoría de los suscriptores de televisión por cable ya cuentan con el acceso de banda ancha a internet vía un módem por cable. Algunas compañías de televisión digital ofrecen acceso a internet desde un aparato televisior y muchas compañías de televisión hacen sus programas de noticias disponibles en sus propios sitios web, como video bajo demanda. De hecho, la mayoría de los expertos en tecnología creen que en algunos años la televisión será absorbida por internet ya que, en principio, internet puede hacer todo lo que hace una televisión y mucho más.

un aparato del futuro

La HTPC probablemente evolucionará en un aparato que ofrezca mayor convergencia de tecnologías y suplirá el rol de la televisión ofreciendo mayor elección de qué ver y cuándo verlo. El contenido de las compañías de medios del

nueva visión
Al ofrecer compras en casa, programas bajo demanda y acceso a internet, la televisión digital convierte a internet y la televisión en uno sólo.

HTPC: sonido y visión

La HTPC muestra la manera en que Internet y la televisión están convergiendo. Cualquiera que posea una HTPC puede: tener una alta definición de televisión digital o DVD (en grandes pantallas digitales cristalinas), internet, escuchar música, editar video digital, producir CD's y enviar y recibir correos electrónicos; todo desde su sala. Hoy en día, sin embargo, la HTPC es muy cara y por lo tanto disponible para muy pocas personas. Es también un poco incómoda ya que utiliza mucha electricidad y es muy complicada de programar. En algunos años, la HTPC evolucionará probablemente a algo que use menos energía, ocupe menos espacio y se configure automáticamente.

EL FUTURO DIGITAL

puntos clave

- El desarrollo de la tecnología digital a corto plazo es relativamente fácil de predecir.
- Tecnologías antes diferentes, como la televisión e Internet están ahora convergiendo y pronto casas y oficinas utilizarán tecnologías digitales completamente integradas.

la casa del futuro

La tecnología digital seguirá aumentando e integrándose en nuestras casas, teniendo acceso desde cualquier cuarto, fácil, económica y eficientemente.

futuro tendrá que adaptar (tendrá que haber más programas bajo demanda disponibles) la comunicación y el entretenimiento.

Este aparato lo utilizaremos también para tener acceso a la música digital almacenada en una computadora en otro lugar del planeta. Pagaremos las cuentas a través de ella, ordenaremos comida y haremos citas con el médico y el estilista. Nos permitirá ingresar y publicar información en internet. Nos comunicaremos con el aparato hablando y podremos entrar desde cualquier lugar utilizando controles remotos que transmitirán la información vía rayos infrarrojos a los satélites. De hecho, el aparato no necesitaría estar en una sola ubicación en casa, sino que podría ser toda una red de pequeñas unidades en diferentes cuartos, cada uno con una gran y nítida pantalla plana, bocinas y micrófono escondido. Para algunos, esto es

ciencia ficción pero no existen barreras tecnológicas para frenarlo. De cualquier manera, si éste aparato multifuncional deberá formar parte integral de nuestras vidas, tendrán que haber grandes avances en varias tecnologías digitales. Al mismo tiempo, el aparato tendría que ser lo suficientemente barato para que la mayoría de las personas pudieran tenerlo, y tendría que haber muchos que quisieran compartir ésta visión.

el futuro cercano

El desarrollo de la tecnología digital ha sido extremadamente rápido desde que los microprocesadores comenzaron a aparecer comercialmente en 1970. La velocidad de cambios sin lugar a dudas seguirá siendo rápida y apurada por los consumidores, investigadores, inversionistas y proveedores. Al acercarnos a un futuro cada vez más digital muchas de las tecnologías que actualmente se encuentran únicamente en laboratorios de investigación se instrumentarán rápidamente en aparatos que millones de personas tendrán.

memoria magnética

Cuando en 1970 las computadoras personales estuvieron disponibles, normalmente tenían unos cuantos *kilobytes* de RAM. En el año 2001 una PC promedio tenía 128 MB de RAM. El rango de opciones de almacenamiento también ha incrementado rápidamente y el precio de estos artículos ha caído masivamente en términos reales, promoviendo su uso en muchos otros aparatos además de la PC. Sin embargo, antes de que la convergencia digital total pueda ser una realidad, deberán sobreponerse la baja capacidad de las opciones de almacenamiento digitales actuales y el modo en que utilizan energía.

Por ejemplo, los circuitos integrados que forman la RAM pierden toda su información almacenada cuando se corta la corriente. Esto quiere decir que la información debe ser recargada al RAM cada vez que el aparato se enciende y que la RAM consume energía constantemente mientras que el aparato renueva su contenido; aun cuando el aparato no está realizando otras funciones. Existen opciones de almacenamiento temporal para

memoria futura
IBM es una de las muchas compañías investigando la tecnología MRAM que será ultra rápida, usara menos energía y retendrá la información almacenada aún después de apagada la computadora.

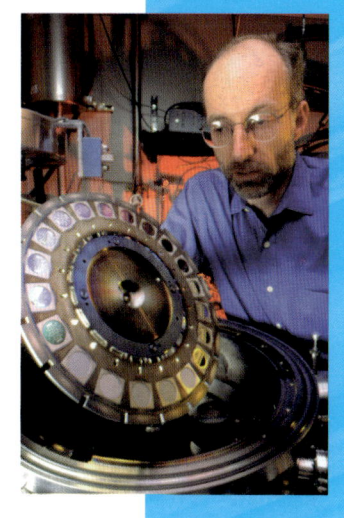

60 EL FUTURO DIGITAL

usar menos energía y guardar la información al ser apagada, pero son más lentas que la RAM y generalmente tienen una capacidad menor. Un reemplazo para la tecnología RAM actual, llamado RAM magnético (MRAM) estará seguramente disponible en algunos años. MRAM almacena más información, la ingresa más rápido, consume menos energía y retiene la información aún cuando no está conectada a la fuente de energía. Una de las consecuencias de esto será que las computadoras ya no tendrán que ser encendidas.

memoria holográfica y ropa inteligente

Los discos duros que se utilizan en los aparatos digitales actuales son grandes, ruidosos y consumen demasiada energía. Los de las caras computadoras personales normalmente son capaces de almacenar cerca de 100 GB y transfieren *bits* en forma de varios grupos de *megabytes* por segundo. Una tecnología naciente llamada memoria holográfica será capaz de almacenar cerca de 1,000 GB en un disco del tamaño de un CD y transferir información a

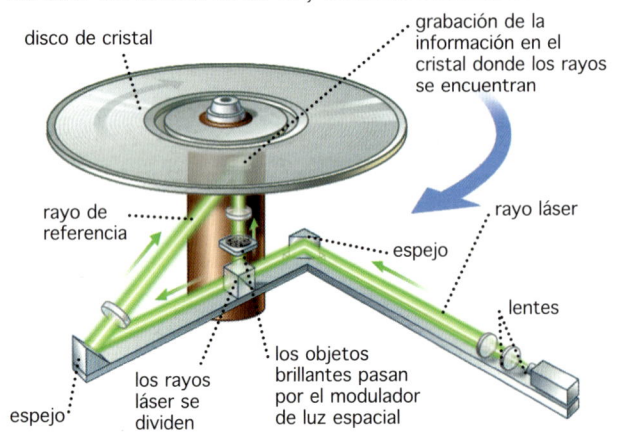

memoria holográfica
Un escritor holográfico trabaja dividiendo un rayo láser en un objeto brillante y un brillo de referencia. El objeto brillante recoge la información digital y la pasa a través de un modulador espacial de luz en el que la información binaria se representa por cuadros claros y oscuros. Cada rayo toma una ruta diferente a un disco de cristal en el que la información se graba por la interferencia de patrón que se produce, en donde los dos extremos del rayo forman un ángulo.

- disco de cristal
- grabación de la información en el cristal donde los rayos se encuentran
- rayo de referencia
- rayo láser
- espejo
- lentes
- los rayos láser se dividen
- los objetos brillantes pasan por el modulador de luz espacial
- espejo

varios *gigabytes* por segundo. El CPU moderno es mucho más rápido que su equivalente de diez años atrás, pero todavía puede mejorarse. La tecnología de circuitos integrados esta progresando en dos áreas principales.

EL FUTURO CERCANO

Primero el número de transistores contenidos en los circuitos integrados está aumentando gracias a los avances en la miniaturización. Segundo, los circuitos pueden ser fabricados con diferentes materiales. Por ejemplo, un nuevo proceso llamado fabricación *desktop* producirá circuitos integrados en material plástico especial de bajo costo. Será posible utilizar los procesadores resultantes en un amplio rango de aparatos, tal vez, integrándolos en tecnología para ponerse o "ropa inteligente". En general los procesadores del futuro serán mucho más poderosos y al mismo tiempo consumirán mucha menos energía eléctrica. Esto los hará más silenciosos ya que no necesitarán de un ventilador para ser enfriados.

computadoras para vestir
La ropa, conocida como ropa inteligente, está empezando a estar disponible y tendrá teléfonos celulares integrados, reproductores de música digital e incluso computadoras personales.

papel electrónico

El papel electrónico es un aparato de presentación que consiste en una hoja de plástico impregnada con globúlos esféricos mitad blancos y mitad coloreados. Una señal digital los hace rotar de manera que muestren su lado blanco o coloreado. Estos pueden desplegar cualquier texto o imagen y la energía se necesita únicamente al cambiar la presentación. Esta tecnología, también conocida como tinta electrónica, está ya en uso como microcápsulas que contienen partículas blanco y negro que son alternadas por cargas eléctricas. Esta tecnología cambia muy lentamente como para desplegar video digital. Sin embargo, el papel electrónico pronto se verá y sentirá como papel normal y será usado para presentaciones digitales más grandes, de alta resolución, bajo consumo de energía y a un costo relativamente bajo.

LCD y pantallas de plasma

La integración de las redes digitales y la televisión tienen que superar el problema de las pantallas de la televisión que al ser grandes aparatos análogos consumen mucha energía y utilizan un electrón de alto voltaje llamado tubo de rayos catódicos (CRT). Existe un rango de alternativas para pantallas de CRT. Por ejemplo, las computadoras portátiles utilizan pantallas de cristal líquido (LCD), son planas y pueden ser vistas desde un ángulo extenso, son brillantes y consumen mucha menos energía que una pantalla CRT. Pero también son mucho más caras y el costo aumenta proporcionalmente al tamaño. Una alternativa es la pantalla de plasma. Es similar a una LCD pero es mejor para pantallas grandes, aunque el costo es todavía inalcanzable.

La resolución de una pantalla es muy importante y una sofisticada pantalla digital es capaz de desplegar películas de televisión en alta definición (HDTV), compuestas por más pixeles que una película en televisión convencional.

nuevas conexiones
Una nave aérea cargada con energía solar podría circular en breve sobre la mayoría de las principales ciudades ofreciendo una conexión a internet ultra rápida y confiable.

redes satelitales

Se planean también nuevas tecnologías para la elaboración de redes. Primero, un rango de aparatos digitales será capaz de ofrecer servicios de banda ancha digital a través de una red de satélites en órbita a baja distancia. Hoy, la mayoría de los satélites de comunicación ocupan altas órbitas geoestacionarias y aparentemente permanecen inmóviles en cualquier punto sobre el ecuador. Esto permite que cualquiera con una antena de comunicación pueda intercambiar información digital codificada con ellos. Dado que los satélites geoestacionarios están a una distancia tan lejana de la superficie de la tierra, las señales deben ser altamente poderosas haciendo imposible ofrecer servicios de red sin una antena de comunicación. Con una red de satélites en órbitas mucho más bajas los aparatos ordinarios de mano serán capaces de tener acceso a redes digitales inalámbricas de alta velocidad desde cualquier parte del planeta. Segundo, naves áereas o aeroeplanos cargados con energía solar están contemplados; estos circundarán grandes ciudades y proveerán el mismo servicio.

bluetooth

Otro gran avance en la tecnología de redes es la capacidad de establecer cualquier conexión inalámbrica entre cualquier aparato digital. La tecnología *bluetooth* hace que esto sea posible: una red habilitada *bluetooth* en un coche puede conectar reproductores de música digitales, teléfonos celulares y computadoras de mano sin cable de una a otra y al resto del mundo. En casa, los aparatos digitales se volverán completamente portátiles e inalámbricos.

acuérdate de comprar leche…

aplicaciones inteligentes

Finalmente, la conectividad se extenderá más allá del rango de los aparatos que utilizamos normalmente. Refrigeradores y microondas con conexiones permanentes a internet ya están disponibles, permitiéndote hacer tus compras, o enviar y recibir correos electrónicos desde tu cocina. Estas "aplicaciones inteligentes" pueden parecer extravagantes e innecesarias, pero en un futuro, cuando el costo de los aparatos digitales sea más bajo probablemente se convertirán en parte de nuestras vidas.

ir de compras se acerca a su final
*Cada vez más aparatos podrán conectarse.
Tal vez un día tu refrigerador estará conectado a internet y podrás utilizarlo para pedir comida además de almacenarla.*

tendencias futuras

Las personas hacen muchas predicciones acerca del impacto que tendrá la tecnología digital en nuestras vidas futuras. Algunos prevén el desarrollo de "entornos inmersivos" que proveerán realidades virtuales tridimensionales e incluso paseos al aire libre a través de internet. Otros predicen el surgimiento de una nueva generación de aparatos digitales llamados computadoras *quantum* que serán capaces de procesar información a velocidades inimaginadas actualmente.

Nadie puede realmente saber lo que el futuro esconde. Hay incertidumbre en el comportamiento de la gente (tal vez las personas ni siquiera querrán un futuro totalmente digital), e incertidumbre en la economía global. Pero sin importar la naturaleza incierta de nuestro futuro tecnológico, muchos expertos han proyectado confiadamente su visión de lo diferente que será la vida cuando estemos rodeados de tecnologías digitales integradas.

inteligencia digital

Nuevos acercamientos a la programación computarizada y al diseño han dado como resultado sistemas con alguna inteligencia. Las computadoras no son inteligentes por sí mismas, simplemente operan programas y los siguen. Pero incluso hoy, algunas computadoras pueden reconocer caras o tipos de escritura mientras otras ayudan a controlar sistemas de tráfico aéreo o exploran otros planetas. El reconocimiento de voz es ya una realidad aunque aún comete errores. Sin embargo, en el futuro, los errores serán cada vez menos y esto probablemente hará que los teclados se vuelvan obsoletos. También

perro inteligente
La inteligencia artificial ha encontrado su camino en los juguetes de alta tecnología. En el 2000 una compañía japonesa introdujo un perro computarizado que responde a comandos de voz y reconoce su nombre y las caras de sus dueños.

permitirá mayor interacción humana con aparatos digitales; por ejemplo, la red de tu casa podrá buscar en internet y sugerir información que le parezca útil sin que tengas que pedírselo. Probablemente las computadoras serán capaces de hablar con voces que parezcan humanas y podrán detectar movimientos sutiles del cuerpo de una persona o de sus ojos y así poder responder a ellos. En corto, en la medida en que las computadoras se vuelvan más poderosas, la inteligencia maquinal –o artificial– se parecerá cada vez más a la inteligencia humana.

el precio del progreso

La mayoría de los expertos concuerdan en que implementar tecnología digital en una escala global ocasionará que el costo de la información y los servicios caiga dramáticamente, trayendo los beneficios de la tecnología digital a muchas más personas en el planeta. Actualmente, la mayoría de las personas concuerda en que nos encontramos en un periodo de transición. El desarrollo de cada nueva tecnología requiere financiamientos iniciales masivos que únicamente pueden ser recuperados por precios altos los primeros años. Para cuando los costos de la nueva tecnología hayan caído lo suficiente para que más personas puedan tener acceso a ellas la tecnología habrá caducado y será obsoleta. Esta caducidad continua es inevitable mientras que la velocidad de los avances tecnológicos será cada vez más rápida; y es, tal vez, una necesidad económica en la avanzada marcha de la tecnología digital, con todos los beneficios y posibilidades que ésta podría traer.

escritura
Es posible que los teclados de computadora se vuelvan obsoletos en la medida en que el reconocimiento de la voz y la escritura a mano mejoren y se dispersen.

evolución digital
Casi todos los aparatos digitales han sido sustituidos por versiones más poderosas. Esto es frustrante para los usuarios y causa preocupaciones entre los ecologistas, pero parece ser una consecuencia inevitable de la velocidad de la revolución digital.

glosario

3g
Tercera generación, una colección de servicios digitales que incluyen video digital y a la cual se puede tener acceso a través de aparatos móviles debidamente equipados, como los teléfonos celulares.

aparato acoplado de carga
Memoria electrónica en la que los semiconductores pueden ser cargados por luz o electricidad. Uno de los usos de los ACC es almacenar imágenes en cámaras digitales, cámaras de video y escáner ópticos.

asistente digital personal
Aparato normalmente portátil que actúa como organizador electrónico, computadora de mano y aparato de comunicación móvil.

análogo
Cualquier representación de texto, sonido o imágenes que no implique digitalización.

ancho de banda
Cualquier conexión entre aparatos digitales –internet ingresando a alguna DSL o módem por cable– en las que una gran cantidad de información se transfiere cada segundo.

binario
Sistema para representar números que utiliza como base el 2 y únicamente dos dígitos: 0 y 1. Las computadoras utilizan el código binario puesto que funciona en electrónica digital.

bit
Abreviación de *binary digit* en inglés; la unidad más pequeña de información que una computadora puede retener y puede valer 1 o 0.

mapa de *bits*
El principal tipo de imagen digital. Conjunto de cuadros colocados sobre una imagen y donde a cada cuadro se le asigna un número determinado por el brillo del cuadro.

bluetooth
Un sistema de aparatos digitales conectados sin cables que utiliza ondas de radio de alta frecuencia y transporta señales digitales.

byte
Un grupo de ocho bits. Existen 256 maneras de combinar ocho *bits* por lo que existen 256 *bytes* posibles.

ASCII
Código americano estándar para información e intercambio, un código en el que cada carácter (ya sea número, letra o comando) se representa con un número que es traducido a un código binario y utilizado por computadoras e impresoras.

codec
Abreviación de codificar / decodificar; aparato que convierte señales análogas en digitales para ser leídas por una computadora y ser reconvertidas en análogas.

compresión
Cualquiera de las diferentes técnicas para reducir la cantidad de información digital que se necesite para representar texto, sonido, imagen y video. *Ver* MP3.

correo electrónico
Documentos de texto y a menudo con otra información digital adjunta que se envía entre individuos dentro de una red comúnmente a través de internet.

CPU
Unidad de procesamiento central. Controla a la computadora y contiene unidades que desarrollan operaciones lógicas y aritméticas así como interpretan y ejecutan instrucciones.

DSL
Líneas digitales abonadas, un método de conexión por banda ancha a internet.

DVD
Disco versátil digital, un método para almacenar información digital que parece un CD pero tiene una capacidad de almacenamiento mucho más grande.

descargar
La transferencia de información digital a través de la red, usualmente un archivo de computadora vía internet.

GLOSARIO

dirección IP
Número utilizado para identificar una computadora conectada a internet.

eje
Un aparato central que conecta varias computadoras. Un eje puede simplemente pasar información y se conoce como pasivo, o puede estar activo y enviar la información amplificada a conexiones de larga distancia.

enlace
El intercambio de información entre aparatos digitales al conectarse a una red.

enrutador
El enrutador recibe un mensaje electrónico a través de la red, revisa la carga de tráfico y el destino del mensaje para determinar la mejor ruta posible que deberá seguir el mensaje para llegar a su destino.

ethernet
El protocolo de red más común. Las redes de ethernet son el tipo más común en las redes de área local.

flujo de información
Transferencia de sonido o video grabado o en vivo que permite a los usuarios de una red –normalmente internet– escuchar o ver sonido y video digital sin tener que descargarlo en su totalidad.

gusano
Similar a un virus, es un programa de computación que se autoenvía a muchas computadoras en una red, normalmente internet, provocando que se vuelvan más lentas.

HTML
Lenguaje de la computadora utilizado para escribir páginas de información en la www.

hiperliga
Una liga entre documentos escritos en HTML accesibles en toda la red, normalmente, internet.

ISP
Compañías que proveen acceso a internet para individuos u organizaciones.

internet
La red digital definitiva que conecta a millones de computadoras localizadas en cada continente.

LAN
Red de área local, un número relativamente pequeño de computadoras y otros aparatos digitales conectados, normalmente, en el mismo edificio.

MP3
Formato de compresión de sonido digital ideal para descargar música de internet.

MPEG
Moving Picture Expert Group, organización que desarrolla maneras efectivas para comprimir información digital y reducir la cantidad de información que se necesita para representar sonido o video con la mínima pérdida de calidad.

MRAM
Tecnología recientemente desarrollada que utiliza menos energía y tiene mayor capacidad de almacenamiento que la tradicional RAM y se basa en circuitos integrados.

memoria holográfica
Un nuevo desarrollo en almacenamiento digital de alta capacidad en el que la información digital es codificada como patrones tridimensionales en un disco cristalino.

módem
Abreviación para modulador/demodulador; aparato que codifica informaciones digitales para que puedan ser transferidas por teléfono.

muestreo digital
Tomar el valor de una señal en intervalos de tiempos iguales es el primero de tres pasos en el proceso de digitalizar una señal análoga. Los otros dos pasos son cuantificar la señal y codificarla.

página web
Un documento de texto escrito en HTML que es decodificado y visto a través de un programa de computación llamado buscador. Una página web puede contener imágenes, texto, sonido, video y sobretodo ligas a otras páginas.

PASC
El protocolo utilizado para conectar aparatos móviles a internet.

TCP/IP
Conjunto de reglas acordadas mediante las cuales la información digital se transfiere a través de internet.

pixel
Cualquiera de los pequeños elementos que forman una representación digital de una imagen en mapa de *bits*.

GLOSARIO

protocolo
Especificación de las reglas y formatos en las que la información digital deberá ser transferida a través de una red de computadoras.

RAM
Memoria en servicio de una computadora. La RAM se utiliza para almacenar información temporalmente mientras está en uso y para correr las aplicaciones de programas. La información retenida en RAM se pierde al desconectar la corriente.

red
Un grupo interconectado de aparatos digitales.

SCSI
Sistemas de interfase de pequeñas computadoras, conexión de alta velocidad para aparatos como discos duros, CD-ROM, discos suaves, escáner y computadoras.

semiconductor
Materiales que tienen silicón y *germanium*, conductores puros de electricidad. Los chips de las computadoras están hechos de materiales semiconductores. Estos hacen posible miniaturizar los componentes electrónicos como los transistores. La miniaturización implica que los componentes serán más pequeños, más rápidos y utilizarán menos energía.

servidor
Una computadora que guarda la información digital compartida entre los usuarios conectados a una red.

sitio web
Una colección de páginas web interligadas publicadas en el mismo servidor.

transistor
Un interruptor electrónico en el circuito de la computadora que está encendido o apagado dependiendo de si la corriente está pasando entre dos terminales llamadas fuente y drenaje. El flujo de corriente se controla por un campo específico que varía dependiendo de si la carga positiva o negativa es enviada a una tercera terminal en el transistor llamada puerta.

URL
Localizadores de restablecimiento uniformes, una dirección para un documento particular de HTML, sonido u otra fuente disponibles en internet. Normalmente comienzan con http.

USB
Aparato que puede conectar hasta 127 aparatos utilizando cable de bajo costo de hasta 5 m de largo.

virus
Un pequeño y malicioso programa de computación que se transfiere a sí mismo entre los usuarios de una red, normalmente vía correo electrónico, con la intención de causar daño a los usuarios. Todos los virus son creados intencionalmente.

World Wide Web
(www) Colección de información interligada, virtual y cambiante disponible a todos los que tengan acceso a Internet. Cada porción de información en la web tiene su propio URL para identificarla.

índice

a

ASCII 14
  extendido 14-5
adaptadores de despliegue 23
acceso, privilegios de 33
aeronaves solares 62
alfabeto 7 *bit default* 14-5
almacenamiento
  de información 12-3, 25
  en CD 12
ambientales, cuestiones 8
amplutid modulada (AM) 52
ancho de banda 37
aparatos
  análogos 7, 17, 30
  de comunicación móvil "todo en uno" 56
  de inteligencia digital 55, 64-5
    evolución de los 65
  periféricos 30
aplicaciones inteligentes 63
applets 43
archivos
  MP3 19, 46-7
  tamaño de 13, 20, 24

b

Babbage, Charles 29
bases de datos de películas 53
Berners-Lee, Tim 45
bits 13
bluetooth, tecnología 63
buscadores 42
Bush, Vannevar 36
bytes 13

c

cables 30, 32, 39
  ópticos 39
  paralelos 30
  RJ-45 32
  SCSI 30
  USB 30
cajeros automáticos 31
cámaras digitales 20
canales
  opciones de 53
  simuláneos 53
cargas tipo-N y tipo-P 10
circuitos integrados 8-9, 60-1
codecs 19
  para paquetes 40
códigos de error 53
codificación acústica de transformación adaptativa (ATRAC) 19
color
  de 24 bits 21-2
  en pantalla 21
comercio electrónico 48-9
compras 57, 63
  en casa 57
compresión 19, 22, 24
computadoras
  para vestir 61
  personal (PC) 28-30, 54, 57-60
    componentes de la 28-30
  quantum 64
conexión
  a aparatos periféricos 30
  de banda ancha 37-40
  de banda angosta 37
contraseñas 33
convergencia, concepto de 56-8

convertidores
  análogo a digital 17
  digital a análogo 18, 30
cookies 49
CPU 28-9
correo electrónico 33, 41, 57
crackers 50
criptografía 50

d

derechos de autor 47
descarga de archivos, *ver* información, flujo de
digitalización de discursos 51
direcciones IP 40-2
disco
  duro 25, 28-9
  DVD 56

e

economía global 64
eje 33
  central de la red 34, 37
enciclopedia interactiva 56
enrutadores 33-4
entornos inmersivos 64
escáner 9
escritorio digital 27
etiquetas (HTML) 42

f

formas de onda 16-7
frames 32
frecuencia modulada (FM) 52
futuro 54-65
  casa del 58
  cercano 59-63
  de la PC 54, 57-60

ÍNDICE

predicción de desarrollos 54-65

g

gigabytes (GB) 13
gráficas con base de vector 22-3
guiones 43
gusanos 48

h

hackers 50
homepages 44
hiperligas 42-3

i

iconos 30
imágenes 20-3
   comprimidas en internet 22
   efectos especiales en 23
   en color 21-2
   en escala de grises 21
   GIF 22
   JPEG 22
información
   extracción de 28-9
   flujo de 45-7, 52, 57
intercambio de archivos por paquetes 40-1
interfase gráfica para el usuario 30
internet 35-50
   búsqueda en 45
   trabajo en 34-5
interruptores en microprocesadores 9-10
intranet 34

j, k, l

java 43
juegos 25
Kilby, Jack 8
kilobytes (KB) 13
línea digital abonada (DSL) 39-40
Leibniz, Gottfried 11
lenguaje señalado de hipertexto (HTML) 42, 45
ligas 42-3

m

mapas de bits (*bitmaps*) 21-3
megabytes (MB) 13
memoria
   holográfica 60
   magnética 59-60
   RAM 28-9, 59-60
   RAM magnético (MRAM) 59-60
microcápsulas 61
micrófonos 17
minidisc (MD) 7, 18-9
módems 36, 39-40
   por cable 39-40
modo de transferencia asincrónica 36-7
modulación y demodulación telefónica 36
monitores
   a color 22
   de pantalla líquida y plasma 62
   de tubos de rayos catódicos 23
Moving Pictures Expert Group (MPEG) 19, 24
muestreo digital (*sampling*) 17-8
música 19, 46-7
   en internet 19

n, o

Napster 47
negocios en línea 48-50
ondas de aire 51-3
operación de sistemas 29-30

p, q

páginas web 41-5
pantallas 23
   de cristal líquido 62
   de plasma 62
papel electrónico 61
paquetes 40-1
película de 16 mm 24
pits en CD 12
pixeles 20-3
placas 25
presencia de punto (POP) 35
privacidad 8, 50
progreso 65
protocolos 31, 34
   telefónico de internet 56
proveedor de servicios de internet (ISP) 35
puentes 34
puntos de acceso a la red (NAP) 34-5
quemadores de CD 25

r

radio 52-3
realidad virtual 25, 64
reconocimiento
   de escritura 65
   de voz 16, 64-5
redes 31-4, 62-3, *ver también* internet
   de aire 31
   de área local (LAN) 32-4
   de igual a igual 33
   digital de servicios integrados (ISDN) 38
   ethernet 32-3
   satelitales 62-3
   telefónicas 36, 38-9
representación tridimensional 25
resolución en monitores 20

reutilización de frecuencia 51
robot 55, 64
ropa inteligente 60-1

S

seguridad, cuestiones de 48-50
semaphore 14
señales
   de audio 17-8
   portadoras 36
servidores 32-3, 40-2, 50
   de correo 33, 41
silicón 8, 10
sistema
   3G 51-2
   binario 9-13
   de computadora personal con *home theatre* 56-7
   de grabación 16-7, 27
   de interfase de pequeñas computadoras 30
   dinario 9,11
   Memex 36
   numérico base 2 9, 13
   numérico base 10 9, 11
   operativo Macintosh 30
   operativo Windows 30
sitios web 44-5
socioeconómicas, cuestiones 8
sonido 16-9, 52
   binario codificado 52
   digital en CD 18-9

t

TCP/IP 34
tablero 5,15
   maestro 28-9
tarjetas de expansión 30

tecnología
   digital integrada 58
   naciente 56
telefonía
   celular 14-5, 51-2
   de tercera generación (3G) 51-2
televisión
   digital 52-3
   en internet 56-7
texto 14-5
   digital, servicio de 14-5
   mensajes de 14-5
transferencia
   de dinero 48-9
   de información 12, 36-9
transistores 9-10
transmisión 52-3

u, v

unidades 13
   de procesamiento central (CPU) 28-9
vías de acceso 34
video 24-5, 53
virus 48

W

World Wide Web (www) 43-6

Lecturas recomendadas

The Rough Guide to the Internet, Angus J Kennedy, Rough Guides, 2001.

Where Wizards Stay up Late, Katie Heffner and Matthew Lyon, Simon & Schuster Inc., 1998.

MP3: The Definitive Guide, Scott Hacker, O'Reilly UK, 2000.

The Official MP3.com Guide to MP3, Michael Robertson and Ron Simpson, MP3.com, 1999.

Weaving the Web, Tim Berners-Lee, Texere Publishing, 2000.

A Brief History of the Future, John Naughton, Phoenix Press, 2000.

The Road Ahead, Bill Gates, Penguin Books, 1996 (revised edition).

Being Digital, Nicholas Negroponte, Coronet, 1996.

Parent's Guide to Protecting Children in Cyberspace, Parry Aftab, McGraw-Hill Publishing Company, 2000

Sitios web relacionados

http://www.cochran.com/start/guide/

http://www.cs.berkeley.edu/~russell/ai.html
http://www.design.philips.com/vof/toc1/home.htm

Agradecimientos del autor

Agradezco a Miki Lindley por su apoyo mientras escribí este libro. También agradezco a Ian Whitelaw, Simon Avery y John Watson de Design Revolution, y a Peter Frances de Dorling Kindersley.

Índice
Indexing Specialists, Hove

Investigación iconográfica adicional
Penni Bickle

Créditos de las ilustraciones

Central Museum Utrecht: 22. Eink Corporation: 61. IBM: 59. Image Bank: Portada, 1. Natural History Museum: 23. Nokia Corporation: 56. Paul Mattock of APM, Brighton: 15, 19, 20, 30, 36. Photonica: Kaz Chiba 31, 51. Science Museum: 39. Science Photo Library: Rosefeld Images LTD 4, 38; Mike Bluestone 5, 8; George Bernard 11, 36; Hank Morgan 45; Sam Ogden 55; Jerrican 58; Lawrence Livermore National Laboratory 63; Peter Menzel 64. Simon Avery & Kree: 6, 15, 18, 26, 32, 47, 53, 54, 65. Telegraph Colour Library: 57.

Dorling Kindersley agradece a Microsoft Corporation por el permiso para reproducir imágenes de pantalla de Microsoft® Windows® Millennium Edition.

Se han hecho todos los esfuerzos para encontrar a los dueños de los derechos de autor. El editor se disculpa por cualquier omisión no intencionada y estaría de acuerdo, en tal caso, de poner un reconocimiento en las ediciones futuras de este libro.

Todas las demás imágenes: Dorling Kindersley.